中华人民共和国
保守国家秘密法
注释本

法律出版社法规中心　编

·北　京·

图书在版编目（CIP）数据

中华人民共和国保守国家秘密法注释本／法律出版社法规中心编. -- 北京：法律出版社，2025. --（法律单行本注释本系列）. -- ISBN 978-7-5197-9660-0

I. D922.145

中国国家版本馆 CIP 数据核字第 2024ZN8964 号

中华人民共和国保守国家秘密法注释本 ZHONGHUA RENMIN GONGHEGUO BAOSHOU GUOJIA MIMIFA ZHUSHIBEN	法律出版社 法规中心 编	责任编辑 李 群 王 睿 装帧设计 李 瞻

出版发行 法律出版社　　　　　　　开本 850 毫米×1168 毫米　1/32
编辑统筹 法规出版分社　　　　　　印张 4.875　　　字数 118 千
责任校对 陈昱希　　　　　　　　　版本 2025 年 1 月第 1 版
责任印制 耿润瑜　　　　　　　　　印次 2025 年 1 月第 1 次印刷
经　　销 新华书店　　　　　　　　印刷 涿州市星河印刷有限公司

地址：北京市丰台区莲花池西里 7 号（100073）
网址：www.lawpress.com.cn　　　　销售电话：010-83938349
投稿邮箱：info@lawpress.com.cn　　客服电话：010-83938350
举报盗版邮箱：jbwq@lawpress.com.cn　咨询电话：010-63939796
版权所有·侵权必究

书号：ISBN 978-7-5197-9660-0　　　定价：20.00 元
凡购买本社图书，如有印装错误，我社负责退换。电话：010-83938349

编辑出版说明

现代社会是法治社会,社会发展离不开法治护航,百姓福祉少不了法律保障。遇到问题依法解决,已经成为人们处理矛盾、解决纠纷的不二之选。然而,面对纷繁复杂的法律问题,如何精准、高效地找到法律依据,如何完整、准确地理解和运用法律,日益成为人们"学法、用法"的关键所在。

为了帮助读者快速准确地掌握"学法、用法"的本领,我社开创性地推出了"法律单行本注释本系列"丛书,至今已十余年。本丛书历经多次修订完善,现已出版近百个品种,涵盖了社会生活的重要领域,已经成为广大读者学习法律、应用法律之必选图书。

本丛书具有以下特点:

1. 出版机构权威。成立于1954年的法律出版社,是全国首家法律专业出版机构,始终秉承"为人民传播法律"的宗旨,完整记录了中国法治建设发展的全过程,享有"社会科学类全国一级出版社"等荣誉称号,入选"全国百佳图书出版单位"。

2. 编写人员专业。本丛书皆由相关法律领域内的专业人士编写,确保图书内容始终紧跟法治进程,反映最新立法动态,体现条文本义内涵。

3. 法律文本标准。作为专业的法律出版机构,多年来,我社始终使用全国人民代表大会常务委员会公报刊登的法律文本，积淀了丰富的标准法律文本资源，并根据立法进度及时更新相关内容。

4. 条文注解精准。本丛书以立法机关的解读为蓝本，给每个条文提炼出条文主旨，并对重点条文进行注释，使读者能精准掌握立法意图，轻松理解条文内容。

5. 典型案例释疑。本书在相应条文下收录典型案例，提炼裁判理由，读者可扫描相应的"有章"二维码查看案例原文。

6. 配套附录实用。书末"附录"部分收录的均为重要的相关法律、法规和司法解释，使读者在使用中更为便捷，使全书更为实用。

需要说明的是，本丛书中"适用提要""条文主旨""条文注释"等内容皆是编者为方便读者阅读、理解而编写，不同于国家正式通过、颁布的法律文本，不具有法律效力。本丛书不足之处，恳请读者批评指正。

我们用心打磨本丛书，以期待为法律相关专业的学生释法解疑，致力于为每个公民的合法权益撑起法律的保护伞。

法律出版社法规中心

2024 年 12 月

目 录

《中华人民共和国保守国家秘密法》适用提要 ………… 1

中华人民共和国保守国家秘密法

第一章 总则 ……………………………………………… 5
 第一条 立法目的及依据 …………………………… 5
 第二条 国家秘密的定义 …………………………… 6
 第三条 党的领导 …………………………………… 6
 第四条 基本原则 …………………………………… 7
 第五条 保密义务 …………………………………… 8
 第六条 主管部门 …………………………………… 10
 第七条 机关、单位保密职责 ……………………… 10
 第八条 保密工作责任制 …………………………… 11
 第九条 保密宣传教育 ……………………………… 12
 第十条 科技创新 …………………………………… 13
 第十一条 工作规划和经费预算 …………………… 14
 第十二条 人才队伍建设和表彰奖励 ……………… 14
第二章 国家秘密的范围和密级 ………………………… 16
 第十三条 国家秘密的基本范围 …………………… 16
 第十四条 密级 ……………………………………… 17
 第十五条 保密事项范围 …………………………… 17
 第十六条 定密责任人 ……………………………… 18
 第十七条 定密权限 ………………………………… 19
 第十八条 派生定密 ………………………………… 21

第十九条　机关、单位的定密职责 ⋯⋯⋯⋯⋯⋯⋯⋯ 22
　　第二十条　保密期限 ⋯⋯⋯⋯⋯⋯⋯⋯⋯⋯⋯⋯⋯⋯ 22
　　第二十一条　知悉范围 ⋯⋯⋯⋯⋯⋯⋯⋯⋯⋯⋯⋯⋯ 24
　　第二十二条　国家秘密标志 ⋯⋯⋯⋯⋯⋯⋯⋯⋯⋯⋯ 24
　　第二十三条　密级、保密期限和知悉范围的变更 ⋯⋯ 25
　　第二十四条　审核与解密 ⋯⋯⋯⋯⋯⋯⋯⋯⋯⋯⋯⋯ 26
　　第二十五条　不明确、有争议事项的确定 ⋯⋯⋯⋯⋯ 27
第三章　保密制度 ⋯⋯⋯⋯⋯⋯⋯⋯⋯⋯⋯⋯⋯⋯⋯⋯⋯ 28
　　第二十六条　国家秘密载体保密管理 ⋯⋯⋯⋯⋯⋯⋯ 28
　　第二十七条　密品管理 ⋯⋯⋯⋯⋯⋯⋯⋯⋯⋯⋯⋯⋯ 29
　　第二十八条　国家秘密载体管理禁止性规定 ⋯⋯⋯⋯ 30
　　第二十九条　国家秘密信息管理禁止性规定 ⋯⋯⋯⋯ 31
　　第三十条　涉密信息系统的管理 ⋯⋯⋯⋯⋯⋯⋯⋯⋯ 32
　　第三十一条　信息系统、信息设备管理禁止性规定 ⋯ 33
　　第三十二条　安全保密产品、保密技术装备的管理 ⋯ 34
　　第三十三条　出版媒体及网络信息的管理 ⋯⋯⋯⋯⋯ 35
　　第三十四条　网络运营者信息管理和配合义务 ⋯⋯⋯ 35
　　第三十五条　信息公开保密审查 ⋯⋯⋯⋯⋯⋯⋯⋯⋯ 36
　　第三十六条　数据保密管理 ⋯⋯⋯⋯⋯⋯⋯⋯⋯⋯⋯ 37
　　第三十七条　涉外保密管理 ⋯⋯⋯⋯⋯⋯⋯⋯⋯⋯⋯ 38
　　第三十八条　会议、活动保密管理 ⋯⋯⋯⋯⋯⋯⋯⋯ 38
　　第三十九条　要害部门、部位保密管理 ⋯⋯⋯⋯⋯⋯ 39
　　第四十条　军事禁区等场所、部位保密管理 ⋯⋯⋯⋯ 40
　　第四十一条　从事涉密业务的企事业单位保密管理 ⋯ 40
　　第四十二条　涉密采购和委托涉密业务保密管理 ⋯⋯ 41
　　第四十三条　涉密人员及其权益保护 ⋯⋯⋯⋯⋯⋯⋯ 42
　　第四十四条　涉密人员管理制度 ⋯⋯⋯⋯⋯⋯⋯⋯⋯ 44
　　第四十五条　涉密人员出境管理 ⋯⋯⋯⋯⋯⋯⋯⋯⋯ 44

| 第四十六条 | 涉密人员离岗离职管理 | 45 |
| 第四十七条 | 泄密事件报告 | 46 |

第四章 监督管理 46
第四十八条	规章、标准制定	46
第四十九条	监督管理职责	47
第五十条	定密纠正	48
第五十一条	保密检查与依法查处	48
第五十二条	保密违法行为处置措施	49
第五十三条	密级鉴定	51
第五十四条	处分监督	51
第五十五条	风险评估、监测预警、应急处置、信息通报	52
第五十六条	行业自律	52

第五章 法律责任 53
第五十七条	组织、个人保密违法责任	53
第五十八条	机关、单位重大泄密和定密不当法律责任	55
第五十九条	网络运营者保密违法责任	56
第六十条	承担涉密业务单位保密违法责任	57
第六十一条	保密行政管理部门工作人员违法责任	58
第六十二条	刑事责任	58

第六章 附则 60
第六十三条	军队保密规定授权	60
第六十四条	工作秘密管理	60
第六十五条	施行日期	61

附 录

中华人民共和国国家安全法(2015.7.1) …… 62

中华人民共和国网络安全法(2016.11.7)……………… 72
中华人民共和国数据安全法(2021.6.10)……………… 86
中华人民共和国保守国家秘密法实施条例(2024.7.10修
　订)…………………………………………………… 94
国家秘密定密管理暂行规定(2014.3.9)……………… 111
保密事项范围制定、修订和使用办法(2017.3.9)…… 119
泄密案件查处办法(2017.12.29)……………………… 125
国家秘密鉴定工作规定(2021.7.30)………………… 136
派生国家秘密定密管理暂行办法(2023.2.27)……… 143

《中华人民共和国保守国家秘密法》适用提要

《保守国家秘密法》①对于保守国家秘密、维护国家安全和利益发挥了重要作用。党中央、国务院历来高度重视保密工作，习近平总书记指出，要依法治密，加强保密立法和制度建设，严格保密行政执法，形成好的法治氛围和法治环境。李强总理对各级政府及其部门作好保密工作提出了要求。我国现行《保守国家秘密法》于1988年9月5日第七届全国人民代表大会常务委员会第三次会议通过后，于2010年4月29日第十一届全国人民代表大会常务委员会第十四次会议第一次修订，2024年2月27日第十四届全国人民代表大会常务委员会第八次会议第二次修订，《保守国家秘密法》以习近平新时代中国特色社会主义思想为指导，深入贯彻党的二十大精神，贯彻落实党中央关于保密工作的决策部署和习近平总书记重要指示批示精神，立足新时代新征程保护国家秘密安全需要，进一步完善了党管保密的体制机制，细化了定密解密管理要求，健全和规范了保密管理制度，完善了法律责任，为维护国家主权、安全、发展利益提供了坚强法治保障。

2024年修订的《保守国家秘密法》内容分为6章，从原来的

---

① 为方便阅读，本书中的法律法规名称均使用简称。

53条增加到65条。具体修改内容如下：

一、贯彻落实党管保密原则，完善管理体制机制

一是坚持中国共产党对保密工作的领导，明确中央保密工作领导机构职责。二是规定保密工作坚持总体国家安全观，明确保密工作应遵循的基本原则。三是实行保密工作责任制，要求机关、单位依法设置保密工作机构或者指定专人负责保密工作。四是加强保密宣传教育，支持保密科学技术研究和应用，强化保密干部队伍建设和专业人才培养。五是明确将保密工作纳入国民经济和社会发展规划，保障所需经费。

二、聚焦实际工作突出问题，细化定密解密管理要求

一是明确国家保密行政管理部门可以单独规定国家秘密及其密级的具体范围。二是解决个别单位定密授权主体不明确问题，规定省级以上保密行政管理部门可以授予有关机关、单位定密权限。三是规定涉密电子文件作出国家秘密标志原则性要求。四是对原《保守国家秘密法》中解密规定作了细化。五是增加工作秘密规定。

三、回应社会发展需要，健全保密管理制度

一是禁止未按照国家保密规定和标准采取有效保密措施，在公共信息网络传递国家秘密或者将涉密信息系统、涉密信息设备接入公共信息网络。二是国家建立安全保密产品和保密技术装备抽检、复检制度。三是机关、单位应当依法对拟公开的信息进行保密审查。四是对汇聚、关联后属于国家秘密事项的数据加强安全管理。五是加强军事管理区保密管理以及涉密军事设施、其他重要涉密单位周边区域保密管理。六是新增涉密军事设施建设单位保密资质认定。七是完善涉密人员脱密期管理制度。

四、完善制度规范，强化保密监管措施

一是规范保密行政管理部门在保密检查和案件调查中的执法手段。二是建立保密风险评估、监测预警、应急处置等制度机制。三是明确保密工作行业组织依法开展活动、推动行业自律的原则要求。

本法涉及的法律法规包括《国家安全法》《数据安全法》《保守国家秘密法实施条例》等。

中华人民共和国
保守国家秘密法

(1988年9月5日第七届全国人民代表大会常务委员会第三次会议通过 2010年4月29日第十一届全国人民代表大会常务委员会第十四次会议第一次修订 2024年2月27日第十四届全国人民代表大会常务委员会第八次会议第二次修订)

第一章 总　　则

第一条　【立法目的及依据】[①]为了保守国家秘密,维护国家安全和利益,保障改革开放和社会主义现代化建设事业的顺利进行,根据宪法,制定本法。

条文注释[②]

本条是关于《保守国家秘密法》立法目的及依据的规定。

制定《保守国家秘密法》的直接目的是保守国家秘密。保守国家秘密,是指保护、严守国家秘密而不泄露。保守国家秘密是为了维护国家安全利益,只有加强对国家秘密的保护,才能从根本上维护国家安全和利益。保障改革开放和社会主义现代化建设事业的

[①][②] 条文主旨、条文注释为编者所加,下同。

顺利进行,是党和国家保密工作的根本目标。

《宪法》是本法的立法依据。《宪法》第53条规定:"中华人民共和国公民必须遵守宪法和法律,保守国家秘密,爱护公共财产,遵守劳动纪律,遵守公共秩序,尊重社会公德。"

关联法规

《宪法》第53条

第二条 【国家秘密的定义】国家秘密是关系国家安全和利益,依照法定程序确定,在一定时间内只限一定范围的人员知悉的事项。

条文注释

本条是对国家秘密定义的规定。

第一,关系国家安全和利益是国家秘密的本质属性。国家安全,是指国家政权、主权、统一和领土完整、人民福祉、经济社会可持续发展和国家其他重大利益相对处于没有危险和不受内外威胁的状态,以及保障持续安全状态的能力。第二,国家秘密需要依照法定程序确定。依照法定程序确定,是指根据定密权限、国家秘密及其密级的规定,确定国家秘密的密级、保密期限等,并作出国家秘密标志。第三,国家秘密应当被限定在一定时间和一定范围的人员知悉。一定时间是指国家秘密从产生到解除的过程,一定范围的人员知悉是指国家秘密应当被限定在一定的空间范围内。

关联法规

《国家安全法》第2条

第三条 【党的领导】坚持中国共产党对保守国家秘密(以下简称保密)工作的领导。中央保密工作领导机构领导全国保密工作,研究制定、指导实施国家保密工作战略和重大方针政策,统筹协调国家保密重大事项和重要工作,推进国家保密法治建设。

第一章 总则

条文注释

保密工作是党和国家的一项特殊重要工作,直接关系到国家安全、经济发展、社会稳定。党的十八大以来,以习近平同志为核心的党中央高度重视保密工作,作出了加强和改进保密工作的新决策、新部署,印发"十三五"时期保密事业发展规划,提出了坚持党管保密、加强依法治密、加大创新力度等一系列重大举措。

中央保密委员会是我国中央保密工作领导机构,领导全国保密工作,其主要职责有:在党中央的领导下,统筹和协调涉及政治、经济、文化、社会及军事方面的保密工作;制定、修改有关保密工作的政策、条例、制度、规定;协同国家立法机关制定有关保密的法律、法令;追查重大的失密、泄密事件;指导保密工作;开展保密教育等。

关联法规

《保守国家秘密法实施条例》第 2 条
《国家安全法》第 4 条

第四条 【基本原则】保密工作坚持总体国家安全观,遵循党管保密、依法管理、积极防范、突出重点、技管并重、创新发展的原则,既确保国家秘密安全,又便利信息资源合理利用。

法律、行政法规规定公开的事项,应当依法公开。

条文注释

本条第 1 款明确了保密工作的基本原则。2024 年 4 月 15 日,习近平总书记在中央国家安全委员会第一次会议上提出了总体国家安全观重大战略思想,为新形势下维护国家安全工作确立了重要遵循。党的十九大报告指出,必须坚持国家利益至上,以人民安全为宗旨,以政治安全为根本,统筹外部安全和内部安全、国土安全和国民安全、传统安全和非传统安全、自身安全和共同安全,完善国家安全制度体系,加强国家安全能力建设,坚决维护国家主权、安全、发展利益。党的二十大报告强调,必须坚定不移贯彻总体国家安全观,把维护国家安全贯穿党和国家工作各方面全过程,确保国家安全和社会稳定。

"党管保密"是做好保密工作必须坚持的政治原则;"依法管理"是全面依法治国、建设法治中国的必然要求;"积极防范"是保密工作实践经验和特点规律的科学总结;"突出重点"是为了确保核心秘密的绝对安全;"技管并重"要求持续优化保密管理体系,改进保密管理方式、完善保密管理流程;"创新发展"要求加强保密理念、体制机制、方法手段和科学技术创新。

本条第2款明确了法律、行政法规规定公开的事项应当依法公开。既保证了国家秘密得到保护,又保障了公民的知情权、参与权和监督权。

第五条 【保密义务】国家秘密受法律保护。

一切国家机关和武装力量、各政党和各人民团体、企业事业组织和其他社会组织以及公民都有保密的义务。

任何危害国家秘密安全的行为,都必须受到法律追究。

条文注释

本条是关于保密义务的规定。

国家秘密直接关系到国家安全和利益,所以需要受到法律保护。我国已经初步形成以宪法为依据,由《保守国家秘密法》、保密行政法规、保密规章等共同构成的保密法律制度体系,为维护我国国家安全和利益提供保障。

本条第2款规定了保守国家秘密的义务主体。国家机关,是指中央和地方各级国家权力机关、行政机关、监察机关、审判机关、检察机关。武装力量,是指中国人民解放军现役部队和预备役部队、中国人民武装警察部队和民兵。政党,是指中国共产党及参政的各民主党派。人民团体,主要包括各级工会、共青团、妇联、工商联、青联、科协、台联、侨联等团体。企业事业组织中的企业组织,主要包括以营利为目的,运用各种生产要素,依法从事生产、流通和服务满足社会需要的经济活动,实行自主经营、自负盈亏的社会经济组织;企业事业组织中的事业组织,主要包括国家为了社会公益,由国家机关举办或者其他组织利用国有资产举办的,从事教育、科技、文化、卫生等活动的社会服务组织。其他社会组织,主要包括各级人民政府部门登记注册的社会团体、基金会、民办非企业单位等。公民,是指具有中华人民共和国国籍的人。保守国家秘密的义务具体包括:(1)应当依法保守所知悉、管理的国家秘密。(2)不得非法获取国家秘密,不得非法持有国家秘密载体,在国家秘密安全受到威胁时应当采取保护措施并及时报告。

本条第3款明确了任何危害国家秘密安全的行为,都必须受到法律追究。危害国家秘密安全的行为主要包括泄露国家秘密的行为,境内外一些组织、机构和人员非法获取国家秘密的行为等。对于危害国家秘密安全的行为,应当按照情节轻重追究其法律责任。

关联法规

《公务员法》第59条
《监察法》第18、56、59条
《公安机关人民警察内务条令》第105条

典型案例

李某某资助危害国家安全犯罪活动案①

要旨: 本案的依法审理,传递出国家安全不容侵犯的坚决态度:不管是谁,只要触犯了我国《刑法》,危害到了我国国家安全,都将依法追究其刑事责任。维护国家安全,人人有责,也必须人人负责、人人尽责。公民和组织应当切实履行维护国家安全的义务,及时报告危害国家安全活动的线索,保守所知悉的国家秘密,为国家安全工作提供便利条件或者其他协助等。机关、人民团体、企业事业组织和其他社会组织应当对本单位的人员进行维护国家安全的教育,动员、组织本单位的人员防范、制止危害国家安全的行为。

---

① 参见《最高法发布平安中国建设第一批典型案例》,载最高人民法院官网2021年12月31日,https://www.court.gov.cn/zixun/xiangqing/339541.html。

第六条 【主管部门】国家保密行政管理部门主管全国的保密工作。县级以上地方各级保密行政管理部门主管本行政区域的保密工作。

条文注释

本条是关于保密工作主管部门的规定。

本条与第7、8条共同构成了我国保密管理体制。我国上级保密行政管理部门对下级保密行政管理部门具有指导的职能，具体可以在制定保密制度、开展保密宣传教育、保密检查、保密技术防护、保密违法案件调查处理等日常业务工作中进行指导。

国家保密行政管理部门，是指国家保密局。国家保密局主管全国保密工作，主要负责贯彻党中央、国务院有关保密工作方针、政策、决定、指示，依法履行保密行政管理职责；制订全国保密工作计划并组织实施，提出改进和加强保密工作的全局性、政策性建议；起草保密法律法规草案，制定或者会同中央有关部门制定保密规章制度，监督、检查保密法律法规制度实施；依法组织开展保密宣传教育、保密检查、保密技术防护、保密审查和保密违法案件调查处理工作；对机关、单位的保密工作进行指导和监督管理；代表国家处理涉外有关保密工作事务等。县级以上地方各级保密行政管理部门，是指省级、市级、县级保密局，在上级保密行政管理部门指导下，主管本行政区域的保密工作。

关联法规

《保守国家秘密法实施条例》第3条

第七条 【机关、单位保密职责】国家机关和涉及国家秘密的单位（以下简称机关、单位）管理本机关和本单位的保密工作。

中央国家机关在其职权范围内管理或者指导本系统的保密工作。

条文注释

本条是关于机关、单位保密职责的规定。

本条第1款明确了国家机关和涉及国家秘密的单位的保密职责。主体主要包括各级党的机关、人大机关、行政机关、政协机关、监察机关、审判机关、检察机关和各民主党派机关、群团机关,以及日常生活中产生、接触、知悉国家秘密的企业事业单位、社会组织和其他组织。这些机关或者单位的保密职责具体包括贯彻落实保密方针政策,健全保密管理制度,完善保密措施,开展保密宣传教育,组织保密自查等。

本条第2款明确了中央国家机关的保密职责。中央国家机关作为本系统工作主管部门,不仅需要负责本机关的保密工作,还需要对本系统的保密工作负管理或者指导的责任。这种管理或者指导的责任,应当与业务工作的管理或者指导关系保持一致。中央国家机关在其职权范围内管理或者指导本系统的保密工作,监督执行保密法律法规,可以根据实际情况制定或者会同有关部门制定主管业务方面的保密规定。

关联法规

《保守国家秘密法实施条例》第4条

第八条 【保密工作责任制】机关、单位应当实行保密工作责任制,依法设置保密工作机构或者指定专人负责保密工作,健全保密管理制度,完善保密防护措施,开展保密宣传教育,加强保密监督检查。

条文注释

本条是关于机关、单位应当实行保密工作责任制的规定。

《宪法》第27条第1款规定:"一切国家机关实行精简的原则,实行工作责任制,实行工作人员的培训和考核制度,不断提高工作质量和工作效率,反对官僚主义。"保密工作责任制是依据该条作出的规定。保密工作责任制,包括党政领导干部保密工作责任制、保密工作岗位责任制、定密责任制、保密要害部门负责人及工作人员责任制、涉密信息系统管理和维护人员责任制等。

为保证保密工作有人管、有人做,本条规定了要依法设置保密工作机构或者指定专人负责保密工作。保密管理制度包括国家秘密确定、变更和解除制度,国家秘密信息及国家秘密载体保密管理制度,信息系统和信息设备保密管理制度,信息公开保密审查制度,保密要害部门、部位保密管理制度,涉密人员保密教育和管理制度,保密工作责任制考核制度等。保密防护措施,是指机关、单位为确保国家秘密安全所采取的管理措施和技术措施,一般包括人防、物防、技防等。保密宣传教育,是指机关、单位应当定期对工作人员进行保密工作优良传统、保密工作形势任务、保密法律法规和保密技术防范知识等方面的宣传教育和培训,以增强保密意识和保密技能。加强保密监督检查,是指机关、单位对本机关、本单位内部保密管理的组织领导、制度建设、宣传教育、防范措施等日常工作情况进行自我监督、自我检查和自我评价。

关联法规

《保守国家秘密法实施条例》第6条

《国家卫生健康委员会科技重大专项保密管理办法》第8、9条

第九条 【保密宣传教育】 国家采取多种形式加强保密宣传教育,将保密教育纳入国民教育体系和公务员教育培训体系,鼓励大众传播媒介面向社会进行保密宣传教育,普及保密知识,宣传保密法治,增强全社会的保密意识。

条文注释

本条是关于保密宣传教育的规定。

各级保密行政管理部门应当根据形势任务需要,组织开展经常性的保密宣传教育;还应当面向社会公开开展保密普法宣传和保密常识宣传。机关、单位应当定期对本机关、本单位工作人员进行保密形势、保密法律法规、保密技术防范等方面的教育培训。将保密

教育纳入国民教育体系，主要是将保密教育纳入各个阶段教育过程，将保密知识带进课堂，加强对在校学生的保密意识教育。将保密教育纳入公务员教育培训体系，是指通过脱产培训、开设保密讲座等多种方式，加强对公务员的保密工作教育。

当前，我国为引导社会公众牢固树立保守国家秘密的意识，分别设立"4·15"全民国家安全教育日、全国保密宣传教育月、国家网络安全宣传周、"12·4"国家宪法日等重要时间节点，增强公民保密意识、普及保密工作常识。

关联法规

《保守国家秘密法实施条例》第9条

第十条 【科技创新】国家鼓励和支持保密科学技术研究和应用，提升自主创新能力，依法保护保密领域的知识产权。

条文注释

本条是关于保密科技创新的规定。

党的十八大以来，保密战线按照党中央决策部署，坚持创新驱动，扎实开展各项保密科技工作。随着新一轮科技革命持续推进，云计算、人工智能、大数据等新技术的不断发展，保密工作的科技创新势在必行。县级以上人民政府应当加强保密技术检查监管、保密技术服务保障、涉密信息系统安全保密测评、国家秘密载体销毁等重要基础设施和关键保密科学技术产品的配备。省级以上保密行政管理部门应当推动保密科学技术自主创新，坚持原始创新、集成创新、开放创新一体设计，推进保密科学技术体制机制改革，促进关键保密科学技术产品的研发工作，鼓励和支持保密科学技术研究和应用。

依法保护保密领域的知识产权，是对保密工作中科技创新赋予法律保护，有利于推动科技创新，使更多高新技术应用于保密工作中，构建现代保密技术防护和监管体系。

关联法规

《科学技术进步法》第 106 条
《保守国家秘密法实施条例》第 7 条

> **第十一条 【工作规划和经费预算】**县级以上人民政府应当将保密工作纳入本级国民经济和社会发展规划,所需经费列入本级预算。
>
> 机关、单位开展保密工作所需经费应当列入本机关、本单位年度预算或者年度收支计划。

条文注释

本条是关于保密工作规划和经费预算的规定。

为保障保密事业高质量发展、保密工作顺利开展,本条第 1 款规定,县级以上人民政府应当将保密工作纳入本级国民经济和社会发展规划,所需经费列入本级预算,为保密行政管理部门的保密工作提供经费支持。

本条第 2 款规定,各机关、单位应当将保密工作所需经费列入本机关、本单位年度预算或者年度收支计划,确保本机关、本单位能够顺利开展保密工作。

关联法规

《国家安全法》第 71 条
《保守国家秘密法实施条例》第 8 条

> **第十二条 【人才队伍建设和表彰奖励】**国家加强保密人才培养和队伍建设,完善相关激励保障机制。
>
> 对在保守、保护国家秘密工作中做出突出贡献的组织和个人,按照国家有关规定给予表彰和奖励。

条文注释

本条是关于保密人才队伍建设和表彰奖励的规定。

本条第 1 款规定了保密人才培养和队伍建设。保密人才培养,是指通过定向培养、委托培养等多种形式,构建学历教材培养、继续教育和在职培训相结合的保密人才培养体系。保密队伍担负着保护国家秘密安全、维护国家安全和利益的政治责任,国家应当加大保密干部培养选拔任用力度,努力造就一支忠于党、忠于人民、勇挑重担、善作善成的保密队伍。完善保密人才队伍激励保障机制,可以充分调动保密人才队伍的创造性和积极性,主要包括保密系统工程系列职称评审、国家保密科技奖励,以及各地区各单位为加大保密领域创新、促进科技成果转化而制定的有关激励保障机制。

本条第2款规定了保密工作表彰奖励。党和国家历来高度重视保密表彰奖励,不断加强保密表彰奖励法规制度建设。对有以下表现之一的组织和个人,应当按照国家有关规定给予表彰和奖励:(1)在危急情况下保护国家秘密安全的;(2)在重大涉密活动中,为维护国家秘密安全做出突出贡献的;(3)在保密科学技术研发中取得重大成果或者显著成绩的;(4)及时检举泄露或者非法获取、持有国家秘密行为的;(5)发现他人泄露或者可能泄露国家秘密,立即采取补救措施,避免或者减轻危害后果的;(6)在保密管理等涉密岗位工作,忠于职守,严守国家秘密,表现突出的;(7)其他在保守、保护国家秘密工作中做出突出贡献的。保密表彰奖励以精神奖励和物质奖励相结合、以精神奖励为主。

关联法规

《反间谍法》第16条

《保守国家秘密法实施条例》第11条

《公民举报危害国家安全行为奖励办法》第8、12条

第二章　国家秘密的范围和密级

第十三条　【国家秘密的基本范围】 下列涉及国家安全和利益的事项，泄露后可能损害国家在政治、经济、国防、外交等领域的安全和利益的，应当确定为国家秘密：

（一）国家事务重大决策中的秘密事项；

（二）国防建设和武装力量活动中的秘密事项；

（三）外交和外事活动中的秘密事项以及对外承担保密义务的秘密事项；

（四）国民经济和社会发展中的秘密事项；

（五）科学技术中的秘密事项；

（六）维护国家安全活动和追查刑事犯罪中的秘密事项；

（七）经国家保密行政管理部门确定的其他秘密事项。

政党的秘密事项中符合前款规定的，属于国家秘密。

条文注释

本条是关于国家秘密基本范围的规定。

本条第1款以列举的方式规定了国家秘密基本范围。国家秘密的产生领域，即政治、国防军事、外交外事、经济、科技和政法等领域。在这些领域中，泄露后可能损害国家安全和利益的事项，是国家秘密。

本条第2款规定了党政秘密和国家秘密的关系，我国实行中国共产党领导的多党合作和政治协商制度，各政党中的秘密事项，如符合本条第1款的规定，则也应当属于国家秘密。

关联法规

《国家秘密定密管理暂行规定》第19条

第二章　国家秘密的范围和密级

第十四条　【密级】国家秘密的密级分为绝密、机密、秘密三级。

绝密级国家秘密是最重要的国家秘密,泄露会使国家安全和利益遭受特别严重的损害;机密级国家秘密是重要的国家秘密,泄露会使国家安全和利益遭受严重的损害;秘密级国家秘密是一般的国家秘密,泄露会使国家安全和利益遭受损害。

条文注释

本条是关于国家秘密密级的规定。

国家秘密的密级,是按照国家秘密事项与国家安全和利益的关联程度,以泄露后可能造成的损害程度为标准,对国家秘密作出的等级划分。本条第1款将国家秘密的密级分为绝密、机密和秘密三级,实行分级管理,有利于突出重点。本条第2款规定了区分国家秘密密级的原则和标准:从泄露后的损害后果考量,泄露后会使国家安全和利益遭受特别严重损害的秘密为绝密级国家秘密,是最重要的国家秘密;泄露会使国家安全和利益遭受严重损害的秘密为机密级国家秘密;泄露会使国家安全和利益遭受损害的秘密为秘密级国家秘密,是一般的国家秘密。

关联法规

《人民法院保密工作问责暂行办法》第9条

第十五条　【保密事项范围】国家秘密及其密级的具体范围(以下简称保密事项范围),由国家保密行政管理部门单独或者会同有关中央国家机关规定。

军事方面的保密事项范围,由中央军事委员会规定。

保密事项范围的确定应当遵循必要、合理原则,科学论证评估,并根据情况变化及时调整。保密事项范围的规定应当在有关范围内公布。

[条文注释]

本条是关于保密事项范围的规定。

本条第1款规定了国家保密行政管理部门单独或者会同有关中央国家机关规定、修订、解释保密事项范围。保密事项范围一般由国家保密行政管理部门牵头,分别与有关中央国家机关规定,这是国家保密行政管理部门的一项重要职责。

本条第2款规定了中央军事委员会规定军事方面的保密事项范围。中央军事委员会领导全国武装力量,由其规定军事方面保密事项范围,更具有可操作性。

本条第3款规定了保密事项范围确定、调整和公布。第一,保密事项范围的确定应当遵循必要、合理原则。要求保密事项范围不得超过维护国家安全和利益的必要限度,做到国家秘密最小化;要求确定保密事项范围时应当进行利益衡量,审慎把握密与非密的界限。第二,保密事项范围的确定应当进行科学论证评估,结合本行业、本领域实际,充分听取有关部门人员和专家意见,综合考虑与其他行业、领域保密事项范围的协调衔接。第三,保密事项范围的确定应当根据情况变化及时调整,根据情况变化,及时修订保密事项范围,取消不再需要保密的事项,变更有关事项的密级、保密期限,增补新出现的国家秘密事项。第四,保密事项范围的规定应当在有关范围内公布,此规定目的是规范定密工作,加强定密监督的需要。

[关联法规]

《保守国家秘密法实施条例》第12条

《国家秘密定密管理暂行规定》第4条

《保密事项范围制定、修订和使用办法》第12、15-18、26、27条

第十六条 【定密责任人】机关、单位主要负责人及其指定的人员为定密责任人,负责本机关、本单位的国家秘密确定、变

更和解除工作。

机关、单位确定、变更和解除本机关、本单位的国家秘密,应当由承办人提出具体意见,经定密责任人审核批准。

条文注释

本条是关于定密责任人的规定。

定密,是指国家机关和涉及国家秘密的单位依法确定、变更和解除国家秘密的活动。本条第1款规定了定密责任主体,机关、单位主要负责人及其指定的人员为定密责任人,对本机关、本单位保密工作负责,承担确定、变更、解除国家秘密的职责。定密责任人在职责范围内承担国家秘密确定、变更和解除工作,指导、监督职责范围内的定密工作。具体职责是:(1)审核批准承办人拟定的国家秘密的密级、保密期限和知悉范围;(2)对本机关、本单位确定的尚在保密期限内的国家秘密进行审核,作出是否变更或者解除的决定;(3)参与制定修订本机关、本单位国家秘密事项一览表;(4)对是否属于国家秘密和属于何种密级不明确的事项先行拟定密级、保密期限和知悉范围,并按照规定的程序报保密行政管理部门确定。

本条第2款规定了定密工作的程序。机关、单位确定、变更和解除本机关、本单位的国家秘密时,应当先由承办人提出具体意见,再经定密责任人审核批准。承办人和定密负责人应当接受定密培训,熟悉定密职责和有关保密事项范围,掌握定密程序和方法。

关联法规

《保守国家秘密法实施条例》第15条

《国家秘密定密管理暂行规定》第17条

第十七条 【定密权限】 确定国家秘密的密级,应当遵守定密权限。

中央国家机关、省级机关及其授权的机关、单位可以确定绝密级、机密级和秘密级国家秘密;设区的市级机关及其授权的机关、单位可以确定机密级和秘密级国家秘密;特殊情况下无法按照上述规定授权定密的,国家保密行政管理部门或者省、自治区、直辖市保密行政管理部门可以授予机关、单位定密权限。具体的定密权限、授权范围由国家保密行政管理部门规定。

下级机关、单位认为本机关、本单位产生的有关定密事项属于上级机关、单位的定密权限,应当先行采取保密措施,并立即报请上级机关、单位确定;没有上级机关、单位的,应当立即提请有相应定密权限的业务主管部门或者保密行政管理部门确定。

公安机关、国家安全机关在其工作范围内按照规定的权限确定国家秘密的密级。

条文注释

本条是关于定密权限的规定。

本条第1款规定,定密应当遵守定密权限。机关、单位是否具有定密权和具有何种层级的定密权,必须依照法律规定。定密授权,是指具有法定定密权限的机关依照法定程序,在规定权限范围内,授予有关机关、单位相应定密权的行为,定密授权应当以书面形式作出。

本条第2款对定密权作出了限定。中央国家机关、省级机关及其授权的机关、单位可以确定绝密级、机密级和秘密级国家秘密;设区的市级机关及其授权的机关、单位可以确定机密级和秘密级国家秘密,同时,中央国家机关可以在主管业务工作范围内作出授予绝密级、机密级和秘密级国家秘密定密权的决定。省级机关可以在主管业务工作范围内或者本行政区域作出授予绝密级、机密级和秘密级国家秘密定密权的决定。设区的市级机关可以在主管业务工作范围内或者本行政区域内作出授予机密级和秘密级国家秘密定密权的决定。还规定了当一些从事涉及国家秘密业务的机关和单位产生大量国家秘密事项,但本身没有定密权的,也无法通过本条第2款规定的方式获得定密权时,国家保密行政管理部门或者省、自治区、直辖市保密行政管理部门可以授予该机关、单位定密权限。

本条第3款规定了无权定密的处理办法。下级机关、单位认为本机关、本单位产生的有关定密事项属于上级机关、单位的定密权限,应当先行采取保密措施,并立即报请上级机关、单位确定;没有上级机关、单位的,应当立即提请有相应定密权限的业务主管部门或者保密行政管理部门确定。接到定密报告的机关、单位或者保密行政管理部门,应当及时作出批复。

本条第4款规定了公安机关、国家安全机关的定密权限。各级公安机关、国家安全机关应当在其工作范围内按照规定的权限确定国家秘密的密级。

关联法规

《保守国家秘密法实施条例》第16条

《国家秘密定密管理暂行规定》第7、10、44条

第十八条 【派生定密】机关、单位执行上级确定的国家秘密事项或者办理其他机关、单位确定的国家秘密事项,需要派生定密的,应当根据所执行、办理的国家秘密事项的密级确定。

条文注释

本条是关于派生定密的规定。

派生定密,是指机关、单位对执行或者办理已定密事项所产生的国家秘密,依法确定、变更和解除的活动。机关、单位执行上级确定的国家秘密事项或者办理其他机关、单位确定的国家秘密事项,有下列情形之一的,应当根据所执行、办理的国家秘密事项的密级、保密期限和知悉范围派生定密:(1)与已确定的国家秘密事项完全一致的;(2)涉及已确定的国家秘密事项密点的;(3)对已确定的国家秘密事项进行概括总结、编辑整合、具体细化的;(4)原定密机关、

单位对使用已确定的国家秘密事项有明确定密要求的。

派生国家秘密的密级应当与已定密事项密级保持一致,不得自行调整密级。派生国家秘密的保密期限应当按照已定密事项的保密期限确定,或者与所涉及密点的最长保密期限保持一致。派生国家秘密的知悉范围,应当根据工作需要确定,经本机关、本单位负责人批准;能够限定到具体人员的,限定到具体人员;原定密机关、单位有明确规定的,应当遵守其规定。

关联法规

《保守国家秘密法实施条例》第18条
《派生国家秘密定密管理暂行办法》第7、11条

第十九条 【机关、单位的定密职责】机关、单位对所产生的国家秘密事项,应当按照保密事项范围的规定确定密级,同时确定保密期限和知悉范围;有条件的可以标注密点。

条文注释

本条是关于机关、单位定密职责的规定。

定密是机关、单位的法定职责。机关、单位应当按照保密事项范围进行定密,确定国家秘密的密级、保密期限和知悉范围。有条件的机关、单位,可以标注密点。密点,即保密要点,是指决定一个事项具备国家秘密本质属性的关键内容,是国家秘密事项中最小独立信息单元,可以表现为词、句、段落、数据、图表等,标注密点可以在相应文字、段落附近标注,也可以以附件等形式作出说明。

第二十条 【保密期限】国家秘密的保密期限,应当根据事项的性质和特点,按照维护国家安全和利益的需要,限定在必要的期限内;不能确定期限的,应当确定解密的条件。

国家秘密的保密期限,除另有规定外,绝密级不超过三十年,机密级不超过二十年,秘密级不超过十年。

机关、单位应当根据工作需要,确定具体的保密期限、解密

时间或者解密条件。

机关、单位对在决定和处理有关事项工作过程中确定需要保密的事项,根据工作需要决定公开的,正式公布时即视为解密。

【条文注释】

本条是关于国家秘密保密期限的规定。

本条第1款规定,确定保密期限,应当根据国家秘密事项的性质和特点,按照维护国家安全和利益的需要,将保密期限规定在明确的时间内。能够确定具体期限的,应当予以明确;不能明确具体期限的,应当确定将某种情形的出现或者事件的发生设置为解密条件。保密的具体期限,既可以是应当保密的时间段,也可以是具体的解密时间。

本条第2款对不同密级的国家秘密事项的保密期限分别限定了最长时限:绝密级不超过30年,机密级不超过20年,秘密级不超过10年。

本条第3款明确了保密期限的3种具体表现方式,分别为保密期限、解密时间和解密条件。机关、单位对所产生的国家秘密,应当按照保密事项范围的规定确定具体的保密期限或者解密时间;不能确定的,应当确定解密条件。保密时限一般应当以日、月或者年计;解密时间为具体日期与时刻;解密条件应当明确、具体、合法。

本条第4款规定了特殊解密条件,国家秘密事项经正式公布即视为解密。本款把公开视同解密,兼顾了程序与效率。机关、单位要想通过正式公布这一方式进行国家保密事项的解密,应当履行法定的信息发布审批程序,并作出记载。

【关联法规】

《保守国家秘密法实施条例》第19条

第二十一条 【知悉范围】国家秘密的知悉范围,应当根据工作需要限定在最小范围。

国家秘密的知悉范围能够限定到具体人员的,限定到具体人员;不能限定到具体人员的,限定到机关、单位,由该机关、单位限定到具体人员。

国家秘密的知悉范围以外的人员,因工作需要知悉国家秘密的,应当经过机关、单位主要负责人或者其指定的人员批准。原定密机关、单位对扩大国家秘密的知悉范围有明确规定的,应当遵守其规定。

关联法规

《保守国家秘密法实施条例》第20条
《国家秘密定密管理暂行规定》第23、28条

第二十二条 【国家秘密标志】机关、单位对承载国家秘密的纸介质、光介质、电磁介质等载体(以下简称国家秘密载体)以及属于国家秘密的设备、产品,应当作出国家秘密标志。

涉及国家秘密的电子文件应当按照国家有关规定作出国家秘密标志。

不属于国家秘密的,不得作出国家秘密标志。

条文注释

本条是关于国家秘密标志的规定。

国家秘密标志是一种法定的文字与符号标识,用以表明所标识的物品(载体以及设备、产品等)承载内容属于国家秘密,并提示其密级和保密期限。国家秘密一经确定,应当同时在国家秘密载体上作出国家秘密标志。国家秘密标志形式为"密级★保密期限"、"密级★解密时间"或者"密级★解密条件"。国家秘密的密级或者保密期限发生变更的,应当及时对原国家秘密标志作出变更。无法作出

国家秘密标志的,确定该国家秘密的机关、单位应当书面通知知悉范围内的机关、单位和人员。机关、单位建设涉密信息系统时,根据国家保密规定和标准,应当部署符合要求的电子文件密级标志系统,确保涉密信息系统中产生、存储、处理和传输的电子文件添加国家秘密标志。国家秘密标志专用于标注各类国家秘密载体和属于国家秘密的设备、产品,不属于国家秘密的,不得使用国家秘密标志。

关联法规

《保守国家秘密法实施条例》第21条

《国家秘密定密管理暂行规定》第24条

第二十三条 【密级、保密期限和知悉范围的变更】国家秘密的密级、保密期限和知悉范围,应当根据情况变化及时变更。国家秘密的密级、保密期限和知悉范围的变更,由原定密机关、单位决定,也可以由其上级机关决定。

国家秘密的密级、保密期限和知悉范围变更的,应当及时书面通知知悉范围内的机关、单位或者人员。

条文注释

本条是关于国家秘密密级、保密期限和知悉范围变更的规定。

本条第1款规定了国家秘密密级、保密期限和知悉范围变更的前提条件和主体。有下列情形之一的,原定密机关、单位应当对所确定国家秘密事项的密级、保密期限和知悉范围及时作出变更:(1)定密时所依据的法律法规或者保密事项范围发生变化的;(2)泄露后对国家安全和利益的损害程度发生明显变化的。必要时,上级机关、单位或者业务主管部门可以直接变更下级机关、单位确定的国家秘密事项的密级、保密期限或者知悉范围。

本条第2款规定,机关、单位变更国家秘密的密级、保密期限和知悉范围的,应当及时书面通知知悉范围内的机关、单位或者人员。有关机关、单位或者人员接到通知后,应当在国家秘密标志附近标明变更后的密级、保密期限和知悉范围。需要延长保密期限的,延长保密期限的书面通知,应当于原定保密期限届满前送达知悉范围内的机关、单位或者人员。

关联法规

《国家秘密定密管理暂行规定》第26、30条

第二十四条 【审核与解密】机关、单位应当每年审核所确定的国家秘密。

国家秘密的保密期限已满的,自行解密。在保密期限内因保密事项范围调整不再作为国家秘密,或者公开后不会损害国家安全和利益,不需要继续保密的,应当及时解密;需要延长保密期限的,应当在原保密期限届满前重新确定密级、保密期限和知悉范围。提前解密或者延长保密期限的,由原定密机关、单位决定,也可以由其上级机关决定。

条文注释

本条是关于国家秘密审核与解密的规定。审核与解密制度是定密制度的重要组成部分。

本条第1款规定了机关、单位年度审核国家秘密的制度。机关、单位应当每年审核所确定的国家秘密。建立保密期限届满提醒制度,对所确定的国家秘密,在保密期限届满前,及时作好解密审核工作。机关、单位应当建立健全与档案管理、信息公开相结合的解密审核工作机制,明确定密责任人职责和工作要求,作到对所确定的国家秘密保密期限届满前必审核、信息公开前必审核、移交各级国家档案馆前必审核。

本条第2款规定了国家秘密解密的条件。"保密期限已满",主要指定密时确定的保密时限已经届满;定密时确定的解密时间已经到达;定密时设定的解密条件已经达成。国家秘密的保密期限尚未届满、解密时间尚未到达或者解密条件尚未达成,经审核认为符合下列情形之一的,应当及时解密:(1)保密法律法规或者保密事项范围调整后,有关事项不再属于国家秘密的;(2)定密时的形势、条件

发生变化,有关事项公开后不会损害国家安全和利益、不需要继续保密的;根据现行法律、法规和国家有关规定,有关事项应予公开、需要社会公众广泛知晓或者参与的。机关、单位认为需要延长所确定国家秘密事项保密期限的,应当在保密期限届满前作出决定;延长保密期限使累计保密期限超过保密事项范围规定的,应当报规定该保密事项范围的中央有关机关批准,中央有关机关应当在接到报告后30日内作出决定。

关联法规

《国家秘密解密暂行办法》第4、12条

《国家秘密定密管理暂行规定》第27条

第二十五条 【不明确、有争议事项的确定】机关、单位对是否属于国家秘密或者属于何种密级不明确或者有争议的,由国家保密行政管理部门或者省、自治区、直辖市保密行政管理部门按照国家保密规定确定。

条文注释

本条是关于不明确、有争议事项确定的规定。

对于机关、单位认为所产生的符合本法第13、14条规定,泄露后会损害国家安全和利益,但在相关保密事项范围中没有明确规定的事项,应当由产生的机关、单位先行拟定密级并采取保密措施,并自拟定之日起10个工作日内报有关部门逐级报至有权确定该事项密级的保密行政管理部门确定,保密行政管理部门应当及时作出决定。拟定为绝密级的事项和中央国家机关拟定的机密级、秘密级的事项,报国家保密行政管理部门确定;其他机关、单位拟定的机密级、秘密级的事项,报省、自治区、直辖市保密行政管理部门确定。

对于在国家秘密知悉范围内机关、单位对于某事项是否属于国家秘密或者属于何种密级持有不同意见,向原定密机关、单位提出异议,原定密机关、单位未予处理或者提出意见但未被接受的,按照下列规定办理:(1)确定为绝密级的事项和中央国家机关确定的机密级、秘密级的事项,报国家保密行政管理部门确定;(2)其他机关、单位确定的机密级、秘密级的事项,报省、自治区、直辖市保密行政管理部门确定;对省、自治区、直辖市保密行政管理部门作出的决定有异议的,可以报国家保密行政管理部门确定。在原定密机关、单位或者保密行政管理部门作出决定前,对有关事项应当按照主张密级中的最高密级采取相应的保密措施。

关联法规

《保守国家秘密法实施条例》第25、26条

第三章 保密制度

第二十六条 【国家秘密载体保密管理】国家秘密载体的制作、收发、传递、使用、复制、保存、维修和销毁,应当符合国家保密规定。

绝密级国家秘密载体应当在符合国家保密标准的设施、设备中保存,并指定专人管理;未经原定密机关、单位或者其上级机关批准,不得复制和摘抄;收发、传递和外出携带,应当指定人员负责,并采取必要的安全措施。

条文注释

本条是关于国家秘密载体保密管理的规定。

本条第1款对国家秘密载体的制作、收发、传递、使用、复制、保存、维修到销毁的全生命周期作出原则性规定。国家秘密载体,是指以文字、数据、符号、图形、图像、视频和音频等方式记载国家秘密信息的纸介质、光介质、磁介质、半导体介质等各类物品。制作国家秘密载体,应当由本机关、本单位或者取得国家秘密载体制作、复制资质的单位承担,制作场所、设备应当符合国家保密规定;收发国家秘密载体,应当履行清点、编号、登记、签收手续;传递国家秘密载体,应当通过机要交通、机要通信或者其他符合国家保密规定的方

式进行;阅读、使用国家秘密载体,应当在符合国家保密规定的场所进行;复制国家秘密载体或者摘录、引用、汇编属于国家秘密的内容,应当按照规定报批,不得擅自改变原件的密级、保密期限和知悉范围,复制件应当加盖复制机关、单位戳记,并视同原件进行管理;保存国家秘密载体的场所、设施、设备,应当符合国家保密规定;维修国家秘密载体,应当由本机关、本单位专门技术人员负责。确需外单位人员维修的,应当由本机关、本单位的人员现场监督。确需在本机关、本单位以外维修的,应当符合国家保密规定;销毁国家秘密载体,应当符合国家保密规定和标准,确保销毁的国家秘密信息无法还原,还应当履行清点、登记、审批手续,并送交保密行政管理部门设立的工作机构或者指定的单位销毁。机关、单位因工作需要,自行销毁少量国家秘密载体的,应当使用符合国家保密标准的销毁设备和方法。

第2款明确绝密级国家秘密载体的管理要求。绝密级国家秘密载体一旦泄露,将会对国家安全和利益造成特别严重的损害。本款规定了3项绝密级国家秘密载体保密管理措施:一是绝密级国家秘密载体应当在符合国家保密标准、安全可靠的设施及设备中保存,并指定专人管理。二是未经原定密机关、单位或者其上级机关批准,不得复制和摘抄,非因工作需要,不得复制和摘抄绝密级国家秘密载体。三是收发、传递和外出携带,应当指定人员负责,并采取必要的安全措施。绝密级国家秘密载体的收发工作应由指定人员担任。

关联法规

《保守国家秘密法实施条例》第27、28条

《中共中央保密委员会办公室、国家保密局关于国家秘密载体保密管理的规定》第7-10、15、19、22条

第二十七条 【密品管理】属于国家秘密的设备、产品的研制、生产、运输、使用、保存、维修和销毁,应当符合国家保密规定。

条文注释

本条是关于密品管理的规定。

"属于国家秘密的设备、产品",是指直接含有国家秘密信息,或者通过观察、测试、分析等手段能够获取所承载国家秘密信息的设备和产品,简称密品。机关、单位应当依法对密品的研制、生产、试验、运输、使用、保存、维修、销毁等进行管理。机关、单位应当及时确定密品的密级和保密期限,严格控制密品的接触范围,对放置密品的场所、部位采取安全保密防范措施。绝密级密品的研制、生产、维修应当在符合国家保密规定的封闭场所进行,并设置专门放置、保存的场所。

关联法规

《保守国家秘密法实施条例》第 30 条

第二十八条 【国家秘密载体管理禁止性规定】机关、单位应当加强对国家秘密载体的管理,任何组织和个人不得有下列行为:

(一)非法获取、持有国家秘密载体;

(二)买卖、转送或者私自销毁国家秘密载体;

(三)通过普通邮政、快递等无保密措施的渠道传递国家秘密载体;

(四)寄递、托运国家秘密载体出境;

(五)未经有关主管部门批准,携带、传递国家秘密载体出境;

(六)其他违反国家秘密载体保密规定的行为。

关联法规

《中共中央保密委员会办公室、国家保密局关于国家秘密载体保密管理的规定》

第二十九条 【国家秘密信息管理禁止性规定】禁止非法复制、记录、存储国家秘密。

禁止未按照国家保密规定和标准采取有效保密措施,在互联网及其他公共信息网络或者有线和无线通信中传递国家秘密。

禁止在私人交往和通信中涉及国家秘密。

条文注释

本条是关于国家秘密信息保密管理的禁止性行为的规定。

本条第1款规定的"非法复制、记录、存储国家秘密",主要包括:(1)未经批准,擅自复制、摘抄涉密文件、资料;(2)擅自对涉密谈话、会议和活动等内容进行文字记载或者录音、录像;(3)私自留存、存储国家秘密或者国家秘密载体。复制国家秘密载体或者摘录、引用、汇编属于国家秘密的内容,应当按照规定报批,不得擅自改变原件的密级、保密期限和知悉范围,复制件应当加盖复制机关、单位戳记,并视同原件进行管理;记录国家秘密内容形成的国家秘密载体,应当按原件的密级、保密期限和知悉范围管理;存储国家秘密应当使用符合国家保密规定或者标准的存储设备。

根据本条第2款的规定,在未按照国家保密规定和标准采取有效保密措施的情况下,互联网及其他公共信息网络或者有线和无线通信手段因无法确保信息传递安全,不能用来传递国家秘密。

本条第3款对私人交往和通信涉密作出禁止性规定,是因为考虑到在私人交往中可能会导致国家秘密知悉范围的扩大,造成国家秘密失控,所以必须严令禁止。

关联法规

《医师资格考试违纪违规处理规定》第12条

> **第三十条 【涉密信息系统的管理】**存储、处理国家秘密的计算机信息系统(以下简称涉密信息系统)按照涉密程度实行分级保护。
>
> 涉密信息系统应当按照国家保密规定和标准规划、建设、运行、维护,并配备保密设施、设备。保密设施、设备应当与涉密信息系统同步规划、同步建设、同步运行。
>
> 涉密信息系统应当按照规定,经检查合格后,方可投入使用,并定期开展风险评估。

条文注释

本条是关于涉密信息系统管理的规定。

本条第1款规定涉密信息系统采取分级保护原则。涉密信息系统,是指由计算机及其相关和配套设施、设备构成的,按照一定应用目标和规则生产、存储、处理、传输、使用国家秘密的系统或者网络,其主要有3个特点:一是涉密信息系统存储、处理和传输的信息涉及国家秘密和其他敏感信息,应严格控制知悉范围;二是涉密信息系统的安全保密设施、设备必须符合国家保密标准;三是涉密信息系统必须满足安全保密需求,符合国家保密标准要求。对涉密信息系统实行分级保护,是指涉密信息系统的建设使用单位依据分级保护管理办法和国家保密标准,对不同级别的涉密信息系统采取相应的安全保密防护措施,确保既不"过防护",也不"欠防护"。

本条第2款规定了涉密信息系统全生命周期管理过程和设施、设备配备要求:一是涉密信息系统要加强从规划、建设、运行、维护,到系统废止的全生命周期管理;二是涉密信息系统必须配备符合国家保密规定和标准的设施、设备,并与整个系统同步规划、同步建设、同步运行。

本条第3款规定了涉密信息系统投入使用和定期风险评估的要求。涉密信息系统应当由国家保密行政管理部门设立或者授权的机构进行检测评估,并经设区的市级以上保密行政管理部门审查合格,方可投入使用。公安机关、国家安全机关的涉密信息系统测评审查工作,按照国家保密行政管理部门会同国务院公安、国家安全部门制定的有关规定执行。

关联法规

《保守国家秘密法实施条例》第32、33、35条

第三十一条 【信息系统、信息设备管理禁止性规定】机关、单位应当加强对信息系统、信息设备的保密管理,建设保密自监管设施,及时发现并处置安全保密风险隐患。任何组织和个人不得有下列行为:

(一)未按照国家保密规定和标准采取有效保密措施,将涉密信息系统、涉密信息设备接入互联网及其他公共信息网络;

(二)未按照国家保密规定和标准采取有效保密措施,在涉密信息系统、涉密信息设备与互联网及其他公共信息网络之间进行信息交换;

(三)使用非涉密信息系统、非涉密信息设备存储或者处理国家秘密;

(四)擅自卸载、修改涉密信息系统的安全技术程序、管理程序;

(五)将未经安全技术处理的退出使用的涉密信息设备赠送、出售、丢弃或者改作其他用途;

(六)其他违反信息系统、信息设备保密规定的行为。

条文注释

本条是关于信息系统、信息设备管理禁止性行为的规定。

全面加强信息系统和信息设备保密管理,是确保信息化条件下国家秘密安全的重要保障。"安全技术程序、管理程序",是指为确保涉密信息系统的运行安全、信息安全而安装在涉密信息系统中,对系统进行安全保密防护的应用程序。"建设保密自监管设施,及

时发现并处置安全保密风险隐患",要求机关、单位应当建设保密自监管设施,及时发现和处置信息系统运行和管理中存在的安全保密风险和窃密泄密事件,并向同级保密行政管理部门或上级主管部门报告事件及处置情况。保密行政管理部门应到督促和指导本级机关、单位开展保密自监管工作。

关联法规

《保守国家秘密法实施条例》第 34 条

> **第三十二条 【安全保密产品、保密技术装备的管理】**用于保护国家秘密的安全保密产品和保密技术装备应当符合国家保密规定和标准。
>
> 国家建立安全保密产品和保密技术装备抽检、复检制度,由国家保密行政管理部门设立或者授权的机构进行检测。

条文注释

本条是关于安全保密产品、保密技术装备管理的规定。

安全保密产品,是指党政机关和涉及国家秘密的单位用于保护涉密信息系统、国家秘密信息、国家秘密载体、涉密场所、涉密会议活动安全保密所使用的软硬件产品和设施设备,密码、防病毒、抗拒绝服务、网页防篡改、安防等产品除外。保密技术装备,是指各级保密行政管理部门及其设立或者授权的机构依法履行保密检查、案件核查、技术监测、检测评估、技术服务等职能所使用,具有特定安全保密功能且经规定程序确定的软硬件产品和设施设备。研制、生产、采购、配备用于保护国家秘密的安全保密产品和保密技术装备应当符合国家保密规定和标准。国家鼓励研制生产单位根据保密工作需要,采用新技术、新方法、新工艺等创新安全保密产品和保密技术装备。

本条第 2 款规定,要建立安全保密产品和保密技术装备检测制度,包括抽检、复检制度。还规定了由国家保密行政管理部门设立或者授权的机构开展具体的检测工作。待安全保密产品和保密技术装备检测合格后,颁发检测合格证书。
关联法规
《保守国家秘密法实施条例》第36－38条
《国家保密科技测评中心关于变更保密技术装备检测结果认可方式的公告》

第三十三条 【出版媒体及网络信息的管理】报刊、图书、音像制品、电子出版物的编辑、出版、印制、发行,广播节目、电视节目、电影的制作和播放,网络信息的制作、复制、发布、传播,应当遵守国家保密规定。

条文注释
本条是关于出版媒体及网络信息管理的规定。

新闻出版、广播影视、网络信息具有形式多样、覆盖面广、传播速度快、传播范围大等特点,国家秘密一经泄露,难以补救,所以必须加强保密管理。报刊、图书、音像制品、电子出版物的编辑、出版、印制、发行,广播节目、电视节目、电影的制作和播放,应当建立自审与送审制度,确保不涉及国家秘密。个人与组织应当合法使用网络,合法利用网络制作、复制、发布、传播信息,不得涉及国家秘密。

第三十四条 【网络运营者信息管理和配合义务】网络运营者应当加强对其用户发布的信息的管理,配合监察机关、保密行政管理部门、公安机关、国家安全机关对涉嫌泄露国家秘密案件进行调查处理;发现利用互联网及其他公共信息网络发布的信息涉嫌泄露国家秘密的,应当立即停止传输该信息,保存有关记录,向保密行政管理部门或者公安机关、国家安全机关报告;应当根据保密行政管理部门或者公安机关、国家安全机关的要求,删除涉及泄露国家秘密的信息,并对有关设备进行技术处理。

条文注释

本条是关于网络运营者信息管理和配合义务的规定。

网络运营者的具体法定义务包括:(1)信息管理义务。网络运营者应当遵守保密法律法规和国家有关规定,建立保密违法行为投诉、举报、发现、处置制度。(2)配合查处义务。网络运营者应当按照监察机关、保密行政管理部门、公安机关、国家安全机关的要求,提供涉嫌泄密案件调查处理所需要的信息等,为调查处理提供便利。(3)情况报告义务。网络运营者发现利用互联网及其他公共信息网络发布的信息涉嫌泄密的,应当立即停止传输该信息,阻止国家秘密信息通过其所提供的网络服务传播给他人;保存有关记录,为依法追究信息发布者的责任提供依据;并报告保密行政管理部门或者公安机关、国家安全机关。(4)删除信息义务。网络运营者应当根据保密行政管理部门或者公安机关、国家安全机关的要求,删除涉及泄露国家秘密的信息,并对有关设备进行技术处理。

关联法规

《网络安全法》第25、29、50、62条

《保守国家秘密法实施条例》第39、40条

《商用密码管理条例》第62条

第三十五条 【信息公开保密审查】机关、单位应当依法对拟公开的信息进行保密审查,遵守国家保密规定。

条文注释

本条是关于信息公开保密审查的规定。

本条规定中的"拟公开的信息",既包括行政机关拟公开的信息,也包括其他机关、单位拟公开的信息。机关、单位进行保密审查应当明确审查机构,规范审查程序,遵循"谁公开,谁负责""先审查,后公开""一事一审"的原则,严格实行信息公开保密审查工作责任制。

关联法规

《保守国家秘密法实施条例》第 42 条
《安全生产监管监察部门信息公开办法》第 24 条
《高等学校信息公开办法》第 5 条
《工业和信息化部政府信息公开工作办法》第 9 条
《生态环境部政府信息公开实施办法》第 12 条

第三十六条 【数据保密管理】开展涉及国家秘密的数据处理活动及其安全监管应当符合国家保密规定。

国家保密行政管理部门和省、自治区、直辖市保密行政管理部门会同有关主管部门建立安全保密防控机制，采取安全保密防控措施，防范数据汇聚、关联引发的泄密风险。

机关、单位应当对汇聚、关联后属于国家秘密事项的数据依法加强安全管理。

条文注释

本条是关于数据保密管理的规定。

在数字化时代，数据是重要的生产要素，成为国家基础性战略资源，数据安全与国家主权、安全、发展利益息息相关。2024 年新修订的《保守国家秘密法》加强与《数据安全法》的协同衔接，新增涉密数据管理及汇聚、关联后涉及国家秘密数据管理的原则规定。

机关、单位应当承担涉密数据安全保护责任，涉密数据收集、存储、使用、加工、传输、提供等处理活动应当符合国家保密规定。本条第 2 款是关于建立安全保密防控机制的规定。数据汇聚、关联，主要是指数据汇总、聚合后在原有数据的基础上形成数据集合，或者数据通过时间、地域、国别、领域等一定共性相互联系。本条第 3 款规定，机关、单位应当在保密行政管理部门和有关主管部门的指导下，对汇聚、关联后属于国家秘密事项的数据依法加强安全管理，控制数据访问权限，防范数据泄露，采取加密存储、授权访问、严格控制共享范围或者其他更加严格的安全保密防控措施。

关联法规

《数据安全法》第 21、27、36 条

《保守国家秘密法实施条例》第 43 条

第三十七条 【涉外保密管理】机关、单位向境外或者向境外在中国境内设立的组织、机构提供国家秘密,任用、聘用的境外人员因工作需要知悉国家秘密的,按照国家有关规定办理。

条文注释

本条是关于涉外保密管理的规定。

"向境外或者向境外在中国境内设立的组织、机构提供国家秘密",是指在与其他国家或者地区和我国香港特别行政区、澳门特别行政区、台湾地区或者这些国家和地区在中国境内设立的组织、机构交往与合作中,从国家整体利益和对外交往合作的实际出发,权衡利弊,遵循合理、合法、适度的原则,经有关机关审查批准后,向其提供国家秘密。任用、聘用的境外人员因工作需要知悉国家秘密的,应当按照国家保密规定办理,进行审查评估,签订保密协议,督促落实保密管理要求。保密协议的基本内容包括需要知悉的国家秘密事项及理由、承担的保密义务、违约责任、协议的法律效力等。

关联法规

《出境入境管理法》第 68 条第 2 款、第 89 条

《保守国家秘密法实施条例》第 44 条

《涉外气象探测和资料管理办法》第 20 条

《最高人民法院关于审理为境外窃取、刺探、收买、非法提供国家秘密、情报案件具体应用法律若干问题的解释》第 2 条

第三十八条 【会议、活动保密管理】举办会议或者其他活动涉及国家秘密的,主办单位应当采取保密措施,并对参加人员进行保密教育,提出具体保密要求。

条文注释

本条是关于会议、活动保密管理的规定。

涉密会议、活动应当按照"谁主办,谁负责"的原则,涉密会议、活动的主办单位承担保密管理的主体责任,一般应采取以下保密措施:(1)根据会议、活动的内容确定密级,制定保密方案,限定参加人员和工作人员范围;(2)使用符合国家保密规定和标准的场所、设施、设备,采取必要保密技术防护等措施;(3)按照国家保密规定管理国家秘密载体;(4)对参加人员和工作人员进行身份核实和保密教育,提出具体保密要求;(5)保密法律法规和国家保密规定要求的其他措施。通过电视、电话、网络等方式举办会议或者其他活动涉及国家秘密的,还应当符合国家有关保密标准。

关联法规

《保守国家秘密法实施条例》第45条

第三十九条 【要害部门、部位保密管理】机关、单位应当将涉及绝密级或者较多机密级、秘密级国家秘密的机构确定为保密要害部门,将集中制作、存放、保管国家秘密载体的专门场所确定为保密要害部位,按照国家保密规定和标准配备、使用必要的技术防护设施、设备。

条文注释

本条是关于要害部门、部位保密管理的规定。

保密要害部门,是指机关、单位日常工作中产生、传递、使用和管理绝密级或者较多机密级、秘密级国家秘密的内设机构。保密要害部位,是指机关、单位内部集中制作、存放、保管国家秘密载体的专门场所,如机关、单位的保密室、档案室和涉密信息系统机房等。保密要害部位应当是集中制作、存放、保管国家秘密载体的最小专用、独立、固定场所。机关、单位确定保密要害部门、部位应坚持最小化原则。对保密要害部门、部位的管理,要加强安全防范措施,严禁无关人员进入;对上岗前的工作人员要进行涉密资格审查和保密教育培训,并定期进行在岗保密教育培训考核;要按照国家保密标准强制配备保密技术防护设备,提高防护水平。

关联法规

《公安机关人民警察内务条令》第100、106条

第四十条 【军事禁区等场所、部位保密管理】军事禁区、军事管理区和属于国家秘密不对外开放的其他场所、部位,应当采取保密措施,未经有关部门批准,不得擅自决定对外开放或者扩大开放范围。

涉密军事设施及其他重要涉密单位周边区域应当按照国家保密规定加强保密管理。

条文注释

本条是关于军事禁区等场所、部位保密管理的规定。

军事禁区、军事管理区和属于国家秘密不对外开放的其他场所、部位,原则上不对外开放,已有规定作部分开放的不得扩大开放的范围;因特殊原因需要对其进行摄影、摄像、录音、勘察、测量、定位、描绘和记述等的,必须经有关部门批准同意。

本条第2款规定了涉密军事设施及其他重要涉密单位周边区域保密管理制度,涉密军事设施及其他重要涉密单位周边区域应当按照国家保密规定采取相应保密措施,加强保密管理。

关联法规

《军事设施保护法》第17条

《保守国家秘密法实施条例》第46条

第四十一条 【从事涉密业务的企事业单位保密管理】从事涉及国家秘密业务的企业事业单位,应当具备相应的保密管理能力,遵守国家保密规定。

从事国家秘密载体制作、复制、维修、销毁,涉密信息系统

集成、武器装备科研生产，或者涉密军事设施建设等涉及国家秘密业务的企业事业单位，应当经过审查批准，取得保密资质。

<u>条文注释</u>

本条是关于从事涉密业务的企事业单位保密管理的规定。

本条第1款规定了从事涉密业务的企业事业单位的总体要求，明确了从事涉密业务的企业事业单位应当符合下列条件：(1)在中华人民共和国境内依法成立1年以上的法人，国家另有规定的从其规定；(2)无犯罪记录，近1年内未发生泄密案件；(3)从事涉密业务的人员具有中华人民共和国国籍，国家另有规定的从其规定；(4)保密制度完善，有专门的机构或者人员负责保密工作；(5)用于涉密业务的场所、设施、设备符合国家保密规定和标准；(6)具有从事涉密业务的专业能力；(7)保密法律法规和国家保密规定要求的其他条件。

本条第2款规定了保密资质行政许可事项。审查的内容包括企业事业单位性质、保密组织机构建设、保密制度与管理措施、保密条件保障、资本构成、人员情况等。保密资质，是指拟从事涉密业务的企业事业单位，经保密行政管理部门依法审查认定，获准从事涉密业务的能力及相应资格。

<u>关联法规</u>

《保守国家秘密法实施条例》第47条

《涉密信息系统集成资质管理办法》第10、38、47条

第四十二条 【涉密采购和委托涉密业务保密管理】采购涉及国家秘密的货物、服务的机关、单位，直接涉及国家秘密的工程建设、设计、施工、监理等单位，应当遵守国家保密规定。

机关、单位委托企业事业单位从事涉及国家秘密的业务，应当与其签订保密协议，提出保密要求，采取保密措施。

条文注释

本条是关于涉密采购和委托涉密业务保密管理的规定。

本条第1款中的涉及国家秘密的货物,主要包括采购的货物属于国家秘密,或者采购用途、采购行为等涉及国家秘密。涉及国家秘密的服务,主要包括涉及国家秘密的会议活动、资产评估、财务审计、档案数字化、系统集成、维修维护、法律咨询等服务。直接涉及国家秘密的工程,主要是指用途、功能或关键部位涉及国家秘密事项的工程,其新建、改建、扩建、装修、拆除、修缮的勘察、设计、施工、监理,必须按照国家保密规定采取保密管理措施。本条第2款是关于机关、单位委托企业事业单位从事涉密业务的保密管理规定。

机关、单位采购涉及国家秘密的工程、货物、服务,或者委托企业事业单位从事涉密业务,应当根据国家保密规定确定密级,并符合国家保密规定和标准。机关、单位应当与有关单位、个人签订保密协议,提出保密要求,采取保密措施,实施全过程管理。政府采购监督管理部门、保密行政管理部门应当依法加强对涉及国家秘密的工程、货物、服务采购或者其他委托开展涉密业务的监督管理。

关联法规

《保守国家秘密法实施条例》第49条

第四十三条 【涉密人员及其权益保护】 在涉密岗位工作的人员(以下简称涉密人员),按照涉密程度分为核心涉密人员、重要涉密人员和一般涉密人员,实行分类管理。

任用、聘用涉密人员应当按照国家有关规定进行审查。

涉密人员应当具有良好的政治素质和品行,经过保密教育培训,具备胜任涉密岗位的工作能力和保密知识技能,签订保密承诺书,严格遵守国家保密规定,承担保密责任。

涉密人员的合法权益受法律保护。对因保密原因合法权益受到影响和限制的涉密人员,按照国家有关规定给予相应待遇或者补偿。

第三章 保密制度

条文注释

本条是关于涉密人员及其权益保护的规定。

本条第1款规定了涉密人员要实行分类管理。机关、单位应当根据工作岗位产生、办理、接触、使用国家秘密的数量和密级,确定涉密岗位及等级。涉密岗位分为核心、重要、一般涉密岗位。在核心涉密岗位工作的人员应当被确定为核心涉密人员,在重要涉密岗位工作的人员应当被确定为重要涉密人员,在一般涉密岗位工作的人员应当被确定为一般涉密人员。不在涉密岗位但接触、知悉少量国家秘密的人员,不确定为涉密人员,但应当按照有关保密法律法规,对其提出具体保密要求。

本条第2款规定了涉密人员上岗保密审查制度。机关、单位应当依法确定涉密岗位,对拟任用、聘用到涉密岗位工作的人员进行上岗前保密审查,确认其是否具备在涉密岗位工作的条件和能力。未通过保密审查的,不得任用、聘用到涉密岗位工作。

本条第3款规定了涉密人员的基本条件和上岗保密管理要求。涉密人员的基本条件主要有以下几点要求:其一,政治素质方面,应当政治立场坚定,坚决执行党的路线、方针、政策,认真落实各项保密制度;其二,品行方面,应当品行端正,忠诚可靠,作风正派,责任心强;其三,工作能力方面,应当掌握保密业务知识和技能。涉密人员的上岗保密管理要求,主要是机关、单位应当对涉密人员进行上岗前保密教育培训,并组织签订保密承诺书。

本条第4款规定了涉密人员的权益保障。机关、单位应当积极履行主体责任,建立权责利相统一的管理体系和制度机制,充分保障涉密人员合法权益。

关联法规

《保守国家秘密法实施条例》第50、51、55条
《国家科学技术秘密持有单位管理办法》第7条

第四十四条 【涉密人员管理制度】机关、单位应当建立健全涉密人员管理制度,明确涉密人员的权利、岗位责任和要求,对涉密人员履行职责情况开展经常性的监督检查。

条文注释

本条是关于涉密人员管理制度的规定。

机关、单位应当建立健全涉密人员管理制度,具体包括涉密岗位和涉密人员分类确定、上岗保密管理、在岗保密管理、出境保密管理、离岗离职保密管理、权益保障、责任追究等方面。机关、单位保密工作机构应当对涉密人员履行保密责任情况开展经常性的监督检查,会同组织人事部门加强保密教育培训。

关联法规

《公安机关人民警察内务条令》第101条

第四十五条 【涉密人员出境管理】涉密人员出境应当经有关部门批准,有关机关认为涉密人员出境将对国家安全造成危害或者对国家利益造成重大损失的,不得批准出境。

条文注释

本条是关于涉密人员出境管理的规定。

涉密人员出境,应当由机关、单位组织人事部门和保密工作机构提出意见,按照人事、外事审批权限审批。因公出境的,由机关、单位组织人事部门和保密工作机构提出意见,按照人事行政隶属关系、干部管理权限和外事审批权限审批。因私出境的,应当由个人提出申请,经涉密人员所在部门初审,本机关、本单位保密工作机构提出审查意见,报组织人事部门审批。涉密人员出境可能对国家安全造成危害或者对国家利益造成重大损失的,机关、单位不得批准。涉密人员出境前应当经过保密教育培训,出境后及时向我国驻当地外交机构、国内派出机构和国家安全机关报告在境外相关情况。

关联法规

《对外科技交流保密提醒制度》第 4 条

> **第四十六条 【涉密人员离岗离职管理】**涉密人员离岗离职应当遵守国家保密规定。机关、单位应当开展保密教育提醒,清退国家秘密载体,实行脱密期管理。涉密人员在脱密期内,不得违反规定就业和出境,不得以任何方式泄露国家秘密;脱密期结束后,应当遵守国家保密规定,对知悉的国家秘密继续履行保密义务。涉密人员严重违反离岗离职及脱密期国家保密规定的,机关、单位应当及时报告同级保密行政管理部门,由保密行政管理部门会同有关部门依法采取处置措施。

条文注释

本条是关于涉密人员离岗离职管理的规定。

涉密人员离岗离职应当按照国家保密规定,经本机关、单位组织人事部门会同保密工作机构审核同意,按照人事行政隶属关系、干部管理权限审批。涉密人员离岗离职前,应当接受保密提醒谈话,签订离岗离职保密承诺书。机关、单位应当开展保密教育提醒,清退国家秘密载体、涉密设备,取消涉密信息系统访问权限,确定脱密期期限,明确其离岗离职后应当履行的保密义务以及违反承诺应当承担的法律责任,督促涉密人员及时清退所持有和使用的国家秘密载体和涉密信息设备,办理移交手续。涉密人员在脱密期内就业、出境应当遵守国家保密规定。涉密人员脱密期自批准离岗离职之日起计算,脱密期限按照国家有关规定执行。涉密人员不得利用知悉的国家秘密为有关组织、个人提供服务或者谋取利益。

关联法规

《公务员法》第 86 条

《保守国家秘密法实施条例》第 53、54 条

《国家科学技术秘密持有单位管理办法》第 7 条

《公安机关人民警察内务条令》第 88 条

《中国共产党纪律检查机关监督执纪工作规则》第 68 条

第四十七条 【涉密事件报告】国家工作人员或者其他公民发现国家秘密已经泄露或者可能泄露时,应当立即采取补救措施并及时报告有关机关、单位。机关、单位接到报告后,应当立即作出处理,并及时向保密行政管理部门报告。

条文注释

本条是关于涉密事件报告的规定。

发现国家秘密已经泄露或者可能泄露时,国家工作人员或者其他公民应当立即采取补救措施并及时报告。接到报告的机关、单位,应当立即查明情况,存在泄密隐患的,要采取措施消除泄密隐患;发生泄密事件的,应当立即采取补救措施并书面报告保密行政管理部门,报告内容包括被泄露国家秘密事项的内容、密级、数量及其载体形式,泄密事件发现过程,泄密负责人基本情况,泄密事件发生时间、地点及过程,泄密事件造成或者可能造成的危害,已采取或拟采取的补救措施等。

关联法规

《保守国家秘密法实施条例》第 47 条

《中国农业银行员工违反规章制度处理暂行办法》第 152 条

第四章 监督管理

第四十八条 【规章、标准制度】国家保密行政管理部门依照法律、行政法规的规定,制定保密规章和国家保密标准。

关联法规

《立法法》第 91、96、97 条

《规章制定程序条例》第 30 条

第四十九条 【监督管理职责】保密行政管理部门依法组织开展保密宣传教育、保密检查、保密技术防护、保密违法案件调查处理工作,对保密工作进行指导和监督管理。

条文注释

本条是关于监督管理职责的规定。

机关、单位应当对遵守保密法律法规和相关制度情况开展自查自评。保密行政管理部门依法对下列情况进行检查:(1)保密工作责任制落实情况;(2)保密制度建设情况;(3)保密宣传教育培训情况;(4)涉密人员保密管理情况;(5)国家秘密确定、变更、解除情况;(6)国家秘密载体管理情况;(7)信息系统和信息设备保密管理情况;(8)互联网使用保密管理情况;(9)涉密场所及保密要害部门、部位管理情况;(10)采购涉及国家秘密的工程、货物、服务,或者委托企业事业单位从事涉密业务管理情况;(11)涉及国家秘密会议、活动管理情况;(12)信息公开保密审查情况;(13)其他遵守保密法律法规和相关制度的情况。

保密宣传教育主要包括宣传党和国家的保密工作方针政策、保密法律法规,开展党和国家保密工作优良传统、保密形势教育、保密知识技能培训、保密学科建设和学历教育等。保密检查,是保密行政管理部门对贯彻执行党和国家保密工作方针政策、保密法律法规情况进行监督管理的主要手段,在保密管理体系中具有重要地位和作用。保密技术防护,是为防范国家秘密信息泄露或被窃取,应用保密科技装备和手段,对国家秘密载体、涉密信息设备、涉密信息系统和涉密场所等进行的安全技术保护,主要包括物理安全防护、运行安全防护和信息安全技术保护等。

关联法规

《保守国家秘密法实施条例》第58条

第五十条 【定密纠正】保密行政管理部门发现国家秘密确定、变更或者解除不当的,应当及时通知有关机关、单位予以纠正。

条文注释

本条是关于定密纠正的规定。

为提高机关、单位定密工作的科学性、精准性、规范性,保密行政管理部门应当加强对机关、单位定密工作的监督。

"国家秘密确定、变更或者解除不当",主要有以下几种类型:一是没有定密权的机关、单位进行了定密或者有定密权的机关、单位超出权限范围定密;二是依据不当,即未按照有关保密事项范围定密;三是程序不当,未按照保密法律法规规定的定密程序定密;四是在确定密级时未同时确定保密期限和知悉范围;五是国家秘密标志不完整、不规范。

保密行政管理部门主要可以采取以下几种方式开展定密监督:一是加强检查,将定密工作情况纳入保密检查范围,通过组织定密工作专项检查或抽查,及时发现和纠正机关、单位定密工作中存在的问题。二是对案件查处、密级鉴定工作中发现的机关、单位存在的定密问题,及时予以纠正。三是对机关、单位和个人反映的定密不当问题,及时进行核查处理。四是开展定密统计工作,掌握机关、单位定密工作情况。

关联法规

《国家秘密定密管理暂行规定》第42、43条

第五十一条 【保密检查与依法查处】保密行政管理部门依法对机关、单位遵守保密法律法规和相关制度的情况进行检查;涉嫌保密违法的,应当及时调查处理或者组织、督促有关机关、单位调查处理;涉嫌犯罪的,应当依法移送监察机关、司法

第四章 监督管理

机关处理。

对严重违反国家保密规定的涉密人员,保密行政管理部门应当建议有关机关、单位将其调离涉密岗位。

有关机关、单位和个人应当配合保密行政管理部门依法履行职责。

条文注释

本条是关于保密检查与依法查处的规定。

规范保密检查和案件调查处理行为,是保密依法行政的要求,是确保保密检查、案件调查处理工作规范、统一、权威的客观需要。保密行政管理部门依法开展保密检查和案件调查处理,查阅有关材料、询问人员、记录情况,对有关设施、设备、文件资料等登记保存,进行保密技术检测,应当遵守国家有关规定和程序。

保密行政管理部门在保密检查和案件调查处理工作中,应当根据检查、调查情况,对有关责任人员采取不同的处理措施。对经调查认为尚未构成犯罪,但需给予处分的有关责任人员,可以移送具有处分决定权的有关机关。对情节严重、不适合在涉密岗位工作的有关责任人员,还应当同时建议机关、单位将其调离涉密岗位。案件查结后,有关机关、单位应当及时将处理结果书面告知同级保密行政管理部门。

本条第3款规定了机关、单位和个人的配合义务。有关机关、单位和个人应当配合保密行政管理部门依法履行职责,如实反映情况,提供必要资料,不得弄虚作假,隐匿、销毁证据,或者以其他方式逃避、妨碍保密监督管理。

关联法规

《保守国家秘密法实施条例》第59条

第五十二条 【保密违法行为处置措施】保密行政管理部门在保密检查和案件调查处理中,可以依法查阅有关材料、询问人员、记录情况,先行登记保存有关设施、设备、文件资料等;必要时,可以进行保密技术检测。

保密行政管理部门对保密检查和案件调查处理中发现的非法获取、持有的国家秘密载体,应当予以收缴;发现存在泄露国家秘密隐患的,应当要求采取措施,限期整改;对存在泄露国家秘密隐患的设施、设备、场所,应当责令停止使用。

条文注释

本条是关于保密违法行为处置措施的规定。

本条第1款规定了保密行政管理部门在保密检查和案件调查处理中可以采取的处置措施。规范保密检查和案件调查处理的行为,是确保保密检查、案件调查处理工作规范、统一、权威的客观需要。

本条第2款规定了保密行政管理部门在保密检查和案件调查处理中发现违法行为可以采取的处置措施。保密行政管理部门收缴非法获取、持有的国家秘密载体,应当进行登记并出具清单,查清密级、数量、来源、扩散范围等,并采取相应的保密措施。保密行政管理部门可以提请公安、市场监督管理等有关部门协助收缴非法获取、持有的国家秘密载体,有关部门应当予以配合。发现机关、单位制度建设不完善,涉密人员、国家秘密载体和涉密信息系统保密管理不严格,人防、物防、技防措施不到位,可能使国家秘密接触、知悉范围扩大或者失去控制的,保密行政管理部门应当要求其采取纠正、补救措施,提出整改意见,明确整改要求和整改期限,并根据整改情况决定是否进行复查。发现机关、单位处理国家秘密信息的设施、设备、场所不符合国家保密标准,技术防护没有达到保密要求,存在明显的泄密隐患和漏洞,继续使用将导致国家秘密失控或者泄露的,保密行政管理部门应当立即责令停止使用,予以封存。

关联法规

《保守国家秘密法实施条例》第60、62条

第五十三条 【密级鉴定】办理涉嫌泄露国家秘密案件的机关,需要对有关事项是否属于国家秘密、属于何种密级进行鉴定的,由国家保密行政管理部门或者省、自治区、直辖市保密行政管理部门鉴定。

条文注释

本条是关于密级鉴定的规定。

国家秘密鉴定,是指保密行政管理部门对涉嫌泄露国家秘密案件中有关事项是否属于国家秘密以及属于何种密级进行鉴别和认定的活动。国家秘密鉴定结论是保密行政管理部门以及纪检监察机关、公安机关、国家安全机关、检察机关等查办案件和审判机关审理案件的重要依据。

办理涉嫌泄密案件的地方各级监察机关、司法机关申请国家秘密和情报鉴定的,向所在省、自治区、直辖市保密行政管理部门提出;办理涉嫌泄密案件的中央一级监察机关、司法机关申请国家秘密和情报鉴定的,向国家保密行政管理部门提出。办案机关申请国家秘密鉴定,应当提交下列材料:(1)申请国家秘密鉴定的公文;(2)需要进行国家秘密鉴定的事项及鉴定事项清单;(3)进行国家秘密鉴定需要掌握的有关情况说明,包括案件基本情况、鉴定事项来源、泄露对象和时间、回避建议等。

关联法规

《保守国家秘密法实施条例》第63条

《国家秘密鉴定工作规定》第9、12、14、22条

第五十四条 【处分监督】机关、单位对违反国家保密规定的人员不依法给予处分的,保密行政管理部门应当建议纠正;对拒不纠正的,提请其上一级机关或者监察机关对该机关、单位负有责任的领导人员和直接责任人员依法予以处理。

条文注释

本条是关于处分监督的规定。

本条旨在明确保密行政管理部门处分监督职责,督促保密法律制度落实到位,确保违反国家保密规定的行为予以追究,维护法律的严肃性和权威性。"建议纠正"的形式主要包括书面建议、现场督查、约谈有关机关、单位负责人等。"拒不纠正",主要包括机关、单位对保密行政管理部门提出的纠正建议,无正当理由拒绝执行,或者推诿、拖延,在规定时间内不作处理等情形。

第五十五条 【风险评估、监测预警、应急处置、信息通报】设区的市级以上保密行政管理部门建立保密风险评估机制、监测预警制度、应急处置制度,会同有关部门开展信息收集、分析、通报工作。

条文注释

本条是关于风险评估、监测预警、应急处置、信息通报的规定。

保密风险评估,主要是指对可能危害国家秘密安全的风险以及事件造成的影响进行科学的分析、研判和评估。保密监测预警,主要是指针对可能危害国家秘密安全的行为和风险进行持续监测,收集分析相关信息,发现和识别安全保密威胁,及时发出预警,以消除安全保密隐患。保密应急处置,主要是指通过制定应急预案、组织应急演练、开展应急响应等措施,将危害国家秘密安全事件造成的危害后果和不利影响降到最小。保密风险评估、监测预警、应急处置涉及众多部门,有关部门只有在履行各自职责的基础上,加强沟通、协作,形成合力,才能有效防范危害国家秘密安全风险。

关联法规

《保守国家秘密法实施条例》第64条

第五十六条 【行业自律】保密协会等行业组织依照法律、行政法规的规定开展活动,推动行业自律,促进行业健康发展。

条文注释

本条是关于保密行业自律的规定。

保密协会,是由与保密工作相关的企业事业单位和个人自愿结成的专业性、非营利性社会组织。其主要的工作包括宣传贯彻国家保密工作方针政策和保密法律法规;调研保密工作发展中的新情况、新问题,总结交流保密工作经验,组织和推动保密理论与实践研究,跟踪研究保密技术领域的新成果、新发展,向有关部门提出意见和建议;组织开展保密知识技能培训,提供保密咨询、保密技术服务;建立和加强与国内有关团体、组织联系,积极开展交流与合作;编辑出版会刊、普及性读物、论文集等书刊资料;维护会员的合法权益,反映会员意见和建议,协调单位会员开展工作,引导行业健康有序发展;承担保密行政管理部门依法委托或者授权的其他有关工作。

关联法规

《中国保密协会章程》第10、11、37条

第五章 法 律 责 任

第五十七条 【组织、个人保密违法责任】违反本法规定,有下列情形之一,根据情节轻重,依法给予处分;有违法所得的,没收违法所得:

(一)非法获取、持有国家秘密载体的;

(二)买卖、转送或者私自销毁国家秘密载体的;

(三)通过普通邮政、快递等无保密措施的渠道传递国家秘密载体的;

(四)寄递、托运国家秘密载体出境,或者未经有关主管部门批准,携带、传递国家秘密载体出境的;

（五）非法复制、记录、存储国家秘密的；

（六）在私人交往和通信中涉及国家秘密的；

（七）未按照国家保密规定和标准采取有效保密措施，在互联网及其他公共信息网络或者有线和无线通信中传递国家秘密的；

（八）未按照国家保密规定和标准采取有效保密措施，将涉密信息系统、涉密信息设备接入互联网及其他公共信息网络的；

（九）未按照国家保密规定和标准采取有效保密措施，在涉密信息系统、涉密信息设备与互联网及其他公共信息网络之间进行信息交换的；

（十）使用非涉密信息系统、非涉密信息设备存储、处理国家秘密的；

（十一）擅自卸载、修改涉密信息系统的安全技术程序、管理程序的；

（十二）将未经安全技术处理的退出使用的涉密信息设备赠送、出售、丢弃或者改作其他用途的；

（十三）其他违反本法规定的情形。

有前款情形尚不构成犯罪，且不适用处分的人员，由保密行政管理部门督促其所在机关、单位予以处理。

条文注释

本条是关于组织、个人保密违法责任的规定。

本条第1款规定了违反本法第28、29、31条列举的禁止行为和其他违反本法规定行为的法律责任。不论是否产生泄密的实际后果，只要发生所列举的严重违法行为之一的，都应依法追究责任。

本条第2款规定了对尚不构成犯罪，且不适用处分人员的处理方式。"不适用处分的人员"，主要包括不属于组织人事和监察机关规定的可以给予处分范围的人员。不适用处分的人员存在违反保密法律法规行为的,由保密行政管理部门督促其所在机关、单位根据内部管理的规定,或者合同约定的条款,给予教育、训诫、经济处罚和解聘等不同形式的处理。

关联法规

《公职人员政务处分法》第7、8条

《中国共产党纪律处分条例》第30条第1款、第144条、第145条

第五十八条 【机关、单位重大泄密和定密不当法律责任】

机关、单位违反本法规定,发生重大泄露国家秘密案件的,依法对直接负责的主管人员和其他直接责任人员给予处分。不适用处分的人员,由保密行政管理部门督促其主管部门予以处理。

机关、单位违反本法规定,对应当定密的事项不定密,对不应当定密的事项定密,或者未履行解密审核责任,造成严重后果的,依法对直接负责的主管人员和其他直接责任人员给予处分。

条文注释

本条是关于机关、单位重大泄密和定密不当法律责任的规定。

机关、单位违反保密法律法规发生泄密案件,有下列情形之一的,根据情节轻重,对直接负责的主管人员和其他直接责任人员依法给予处分;构成犯罪的,依法追究刑事责任:(1)未落实保密工作责任制的;(2)未依法确定、变更或者解除国家秘密的;(3)未按照要求对涉密场所以及保密要害部门、部位进行防护或者管理的;(4)涉密信息系统未按照规定进行测评审查而投入使用,经责令整改仍不改正的;(5)未经保密审查或者保密审查不严,公开国家秘密的;(6)委托不具备从事涉密业务条件的单位从事涉密业务的;(7)违反涉密人员保密管理规定的;(8)发生泄密案件未按照规定报告或者

未及时采取补救措施的;(9)未依法履行涉密数据安全管理责任的;(10)其他违反保密法律法规的情形。有前述情形尚不构成犯罪,且不适用处分的人员,由保密行政管理部门督促其主管部门予以处理。

本条第2款是关于机关、单位定密不当法律责任的规定。定密不当的责任追究主要包括3种情形:第一种是应当定密而不定密;第二种是不应当定密而定密;第三种是未履行解密审核责任。上述情形都要求"造成严重后果",即应当定密的事项不定密,不应当解密的事项解密,致使国家秘密失去保护,造成泄密的;不应当定密的事项定密,应当解密的事项未及时解密,严重影响信息资源合理利用,造成较大负面影响的。

关联法规
《保守国家秘密法实施条例》第67条

第五十九条 【网络运营者保密违法责任】 网络运营者违反本法第三十四条规定的,由公安机关、国家安全机关、电信主管部门、保密行政管理部门按照各自职责分工依法予以处罚。

条文注释

本条是关于网络运营者保密违法责任的规定。

网络运营者违反保密法律法规,有下列情形之一的,由保密行政管理等部门按照各自职责分工责令限期整改,给予警告或者通报批评;情节严重的,处5万元以上50万元以下罚款,对直接负责的主管人员和其他直接责任人员处1万元以上10万元以下罚款:(1)发生泄密事件,未依法采取补救措施的;(2)未依法配合保密行政管理部门实施保密违法案件调查、预警事件排查的。

关联法规
《行政处罚法》
《治安管理处罚法》
《网络安全法》

《保守国家秘密法实施条例》第69条
《电信条例》
《计算机信息系统安全保护条例》
《计算机网络国际联网安全保护管理办法》
《互联网信息服务管理办法》

第六十条 【承担涉密业务单位保密违法责任】取得保密资质的企业事业单位违反国家保密规定的,由保密行政管理部门责令限期整改,给予警告或者通报批评;有违法所得的,没收违法所得;情节严重的,暂停涉密业务、降低资质等级;情节特别严重的,吊销保密资质。

未取得保密资质的企业事业单位违法从事本法第四十一条第二款规定的涉密业务的,由保密行政管理部门责令停止涉密业务,给予警告或者通报批评;有违法所得的,没收违法所得。

条文注释

本条是关于承担涉密业务单位保密违法责任的规定。

从事涉密业务的企业事业单位违反保密法律法规及国家保密规定的,由保密行政管理部门责令限期整改,给予警告或者通报批评;有违法所得的,没收违法所得。取得保密资质的企业事业单位,有下列情形之一的,并处暂停涉密业务、降低资质等级:(1)超出保密资质业务种类范围承担其他需要取得保密资质业务的;(2)未按照保密行政管理部门要求时限完成整改或者整改后仍不符合保密法律法规及国家保密规定的;(3)其他违反保密法律法规及国家保密规定,存在重大泄密隐患的。取得保密资质的企业事业单位,有下列情形之一的,并处吊销保密资质:(1)变造、出卖、出租、出借保密资质证书的;(2)将涉密业务转包给其他单位或者分包给无相应保密资质单位的;(3)发现国家秘密已经泄露或者可能泄露,未立即采取补救措施或者未按照规定时限报告的;(4)拒绝、逃避、妨碍保密检查的;(5)暂停涉密业务期间承接新的涉密业务的;(6)暂停涉密业务期满仍不符合保密法律法规及国家保密规定的;(7)发生重大泄密案件的;(8)其他严重违反保密法律法规及国家保密规定行为的。

关联法规

《保守国家秘密法实施条例》第71条

第六十一条 【保密行政管理部门工作人员违法责任】保密行政管理部门的工作人员在履行保密管理职责中滥用职权、玩忽职守、徇私舞弊的,依法给予处分。

条文注释

本条是关于保密行政管理部门工作人员违法责任的规定。

本条中的"滥用职权",是指保密行政管理部门工作人员超越职权范围或者违背法律授权的宗旨、违反法律程序行使职权的行为。"玩忽职守",是指保密行政管理部门工作人员严重不负责任,不履行或者不正确履行职责的行为。"徇私舞弊",是指保密行政管理部门工作人员在履行职责过程中,利用职务便利,弄虚作假、徇私谋利的行为。明确保密行政管理部门工作人员的违法责任,有利于加强对保密行政管理部门工作人员的监督和管理。

关联法规

《保守国家秘密法实施条例》第72条

第六十二条 【刑事责任】违反本法规定,构成犯罪的,依法追究刑事责任。

条文注释

本条是关于违反本法规定需要承担刑事责任的规定。

故意泄露国家秘密罪,是指国家机关工作人员或者非国家机关工作人员违反《保守国家秘密法》,故意使国家秘密被不应知悉者知悉,或者故意使国家秘密超出了限定的接触范围,情节严重的行为。

涉嫌下列情形之一的,人民检察院应予立案:(1)泄露绝密级国家秘密1项(件)以上的;(2)泄露机密级国家秘密2项(件)以上的;(3)泄露秘密级国家秘密3项(件)以上的;(4)向非境外机构、组织、人员泄露国家秘密,造成或者可能造成危害社会稳定、经济发展、国防安全或者其他严重危害后果的;(5)通过口头、书面或者网络等方式向公众散布、传播国家秘密的;(6)利用职权指使或者强迫他人违反《保守国家秘密法》的规定泄露国家秘密的;(7)以牟取私利为目的泄露国家秘密的;(8)其他情节严重的情形。

过失泄露国家秘密罪,是指国家机关工作人员或者非国家机关工作人员违反《保守国家秘密法》,过失泄露国家秘密,或者遗失国家秘密载体,致使国家秘密被不应知悉者知悉或者超出了限定的接触范围情节严重的行为。涉嫌下列情形之一的,人民检察院应予立案:(1)泄露绝密级国家秘密1项(件)以上的;(2)泄露机密级国家秘密3项(件)以上的;(3)泄露秘密级国家秘密4项(件)以上的;(4)违反保密规定,将涉及国家秘密的计算机或者计算机信息系统与互联网相连接,泄露国家秘密的;(5)泄露国家秘密或者遗失国家秘密载体,隐瞒不报、不如实提供有关情况或者不采取补救措施的;(6)其他情节严重的情形。

关联法规

《刑法》第109-111、282、398、431、432条

《最高人民检察院关于渎职侵权犯罪案件立案标准的规定》第1条第3、4款

典型案例

孙某、伍某某故意泄露国家秘密案[①]

要旨:故意泄露国家秘密罪,是指国家机关工作人员或者非国家机关工作人员违反《保守国家秘密法》,故意

---

① 参见《最高人民检察院公报》2012年第3期。

使国家秘密被不应知悉者知悉,或者故意使国家秘密超出了限定的接触范围等情节严重的行为。该罪的犯罪主体主要是国家机关工作人员;主观方面只能是故意;客观方面表现为违反包括《保守国家秘密法》的规定,泄露国家秘密,情节严重的行为;侵犯的客体是国家的保密制度。由此,国家工作人员违反《保守国家秘密法》的规定,故意泄露国家秘密,情节特别严重的,其行为已构成故意泄露国家秘密罪。根据《刑法》第398条之规定,犯故意泄露国家秘密罪的,处3年以下有期徒刑或者拘役;情节特别严重的,处3年以上7年以下有期徒刑。

第六章 附 则

第六十三条 【军队保密规定授权】中国人民解放军和中国人民武装警察部队开展保密工作的具体规定,由中央军事委员会根据本法制定。

条文注释

本条是关于军队保密规定授权的规定。

中央军事委员会是国家的最高军事机关。《立法法》第117条第1款规定,中央军事委员会根据宪法和法律,制定军事法规。根据本法制定的中国人民解放军和中国人民武装警察部队的保密工作具体的规定,是国家保密法律制度体系的重要组成部分。

关联法规

《立法法》第117条

第六十四条 【工作秘密管理】机关、单位对履行职能过程中产生或者获取的不属于国家秘密但泄露后会造成一定不利影响的事项,适用工作秘密管理办法采取必要的保护措施。工作秘密管理办法另行规定。

条文注释

本条是关于工作秘密管理的规定。

工作秘密,是指机关、单位在履行职能过程中产生或者获取的不属于国家秘密但泄露后会造成一定不利影响的事项。机关、单位应当适用工作秘密管理办法,加强本机关、本单位工作秘密管理,对工作秘密采取技术防护、自监管等必要保护措施。违反有关规定造成工作秘密泄露,情节严重的,对直接负责的主管人员和其他直接责任人员依法给予处分。中央国家机关应当结合工作实际制定本行业、本领域工作秘密事项具体范围,报国家保密行政管理部门备案。

关联法规

《保守国家秘密法实施条例》第 73 条

第六十五条 【施行日期】本法自 2024 年 5 月 1 日起施行。

附录

中华人民共和国国家安全法

(2015年7月1日第十二届全国人民代表大会常务委员会第十五次会议通过 2015年7月1日中华人民共和国主席令第29号公布 自公布之日起施行)

第一章 总 则

第一条 为了维护国家安全,保卫人民民主专政的政权和中国特色社会主义制度,保护人民的根本利益,保障改革开放和社会主义现代化建设的顺利进行,实现中华民族伟大复兴,根据宪法,制定本法。

第二条 国家安全是指国家政权、主权、统一和领土完整、人民福祉、经济社会可持续发展和国家其他重大利益相对处于没有危险和不受内外威胁的状态,以及保障持续安全状态的能力。

第三条 国家安全工作应当坚持总体国家安全观,以人民安全为宗旨,以政治安全为根本,以经济安全为基础,以军事、文化、社会安全为保障,以促进国际安全为依托,维护各领域国家安全,构建国家安全体系,走中国特色国家安全道路。

第四条 坚持中国共产党对国家安全工作的领导,建立集中统一、高效权威的国家安全领导体制。

第五条 中央国家安全领导机构负责国家安全工作的决策和议事协调,研究制定、指导实施国家安全战略和有关重大方针政策,统筹协调国家安全重大事项和重要工作,推动国家安全法治建设。

第六条 国家制定并不断完善国家安全战略,全面评估国际、国内安全形势,明确国家安全战略的指导方针、中长期目标、重点领域的国家安全政策、工作任务和措施。

第七条 维护国家安全,应当遵守宪法和法律,坚持社会主义法治原则,尊重和保障人权,依法保护公民的权利和自由。

第八条 维护国家安全,应当与经济社会发展相协调。

国家安全工作应当统筹内部安全和外部安全、国土安全和国民安全、传统安全和非传统安全、自身安全和共同安全。

第九条 维护国家安全,应当坚持预防为主、标本兼治,专门工作与群众路线相结合,充分发挥专门机关和其他有关机关维护国家安全的职能作用,广泛动员公民和组织,防范、制止和依法惩治危害国家安全的行为。

第十条 维护国家安全,应当坚持互信、互利、平等、协作,积极同外国政府和国际组织开展安全交流合作,履行国际安全义务,促进共同安全,维护世界和平。

第十一条 中华人民共和国公民、一切国家机关和武装力量、各政党和各人民团体、企业事业组织和其他社会组织,都有维护国家安全的责任和义务。

中国的主权和领土完整不容侵犯和分割。维护国家主权、统一和领土完整是包括港澳同胞和台湾同胞在内的全中国人民的共同义务。

第十二条 国家对在维护国家安全工作中作出突出贡献的个人和组织给予表彰和奖励。

第十三条 国家机关工作人员在国家安全工作和涉及国家安全活动中,滥用职权、玩忽职守、徇私舞弊的,依法追究法律责任。

任何个人和组织违反本法和有关法律,不履行维护国家安全义务或者从事危害国家安全活动的,依法追究法律责任。

第十四条 每年4月15日为全民国家安全教育日。

第二章 维护国家安全的任务

第十五条 国家坚持中国共产党的领导,维护中国特色社会主义制度,发展社会主义民主政治,健全社会主义法治,强化权力运行制约和监督机制,保障人民当家作主的各项权利。

国家防范、制止和依法惩治任何叛国、分裂国家、煽动叛乱、颠覆或者煽动颠覆人民民主专政政权的行为;防范、制止和依法惩治窃取、泄露国家秘密等危害国家安全的行为;防范、制止和依法惩治境外势力的渗透、破坏、颠覆、分裂活动。

第十六条 国家维护和发展最广大人民的根本利益,保卫人民安全,创造良好生存发展条件和安定工作生活环境,保障公民的生命财产安全和其他合法权益。

第十七条 国家加强边防、海防和空防建设,采取一切必要的防卫和管控措施,保卫领陆、内水、领海和领空安全,维护国家领土主权和海洋权益。

第十八条 国家加强武装力量革命化、现代化、正规化建设,建设与保卫国家安全和发展利益需要相适应的武装力量;实施积极防御军事战略方针,防备和抵御侵略,制止武装颠覆和分裂;开展国际军事安全合作,实施联合国维和、国际救援、海上护航和维护国家海外利益的军事行动,维护国家主权、安全、领土完整、发展利益和世界和平。

第十九条 国家维护国家基本经济制度和社会主义市场经济秩序,健全预防和化解经济安全风险的制度机制,保障关系国民经济命脉的重要行业和关键领域、重点产业、重大基础设施和重大建设项目以及其他重大经济利益安全。

第二十条 国家健全金融宏观审慎管理和金融风险防范、处置机制,加强金融基础设施和基础能力建设,防范和化解系统性、区域性金融风险,防范和抵御外部金融风险的冲击。

第二十一条 国家合理利用和保护资源能源,有效管控战略资源能源的开发,加强战略资源能源储备,完善资源能源运输战略通道建设和安全保护措施,加强国际资源能源合作,全面提升应急保障能力,保障经济社会发展所需的资源能源持续、可靠和有效供给。

第二十二条 国家健全粮食安全保障体系,保护和提高粮食综合生产能力,完善粮食储备制度、流通体系和市场调控机制,健全粮食安全预警制度,保障粮食供给和质量安全。

第二十三条　国家坚持社会主义先进文化前进方向,继承和弘扬中华民族优秀传统文化,培育和践行社会主义核心价值观,防范和抵制不良文化的影响,掌握意识形态领域主导权,增强文化整体实力和竞争力。

第二十四条　国家加强自主创新能力建设,加快发展自主可控的战略高新技术和重要领域核心关键技术,加强知识产权的运用、保护和科技保密能力建设,保障重大技术和工程的安全。

第二十五条　国家建设网络与信息安全保障体系,提升网络与信息安全保护能力,加强网络和信息技术的创新研究和开发应用,实现网络和信息核心技术、关键基础设施和重要领域信息系统及数据的安全可控;加强网络管理,防范、制止和依法惩治网络攻击、网络入侵、网络窃密、散布违法有害信息等网络违法犯罪行为,维护国家网络空间主权、安全和发展利益。

第二十六条　国家坚持和完善民族区域自治制度,巩固和发展平等团结互助和谐的社会主义民族关系。坚持各民族一律平等,加强民族交往、交流、交融,防范、制止和依法惩治民族分裂活动,维护国家统一、民族团结和社会和谐,实现各民族共同团结奋斗、共同繁荣发展。

第二十七条　国家依法保护公民宗教信仰自由和正常宗教活动,坚持宗教独立自主自办的原则,防范、制止和依法惩治利用宗教名义进行危害国家安全的违法犯罪活动,反对境外势力干涉境内宗教事务,维护正常宗教活动秩序。

国家依法取缔邪教组织,防范、制止和依法惩治邪教违法犯罪活动。

第二十八条　国家反对一切形式的恐怖主义和极端主义,加强防范和处置恐怖主义的能力建设,依法开展情报、调查、防范、处置以及资金监管等工作,依法取缔恐怖活动组织和严厉惩治暴力恐怖活动。

第二十九条　国家健全有效预防和化解社会矛盾的体制机制,健全公共安全体系,积极预防、减少和化解社会矛盾,妥善处置公共卫生、社会安全等影响国家安全和社会稳定的突发事件,促进社会和谐,维护公共安全和社会安定。

第三十条　国家完善生态环境保护制度体系,加大生态建设和环境保护力度,划定生态保护红线,强化生态风险的预警和防控,妥善处置突发环境事件,保障人民赖以生存发展的大气、水、土壤等自然环境和条件不受威胁和破坏,促进人与自然和谐发展。

第三十一条 国家坚持和平利用核能和核技术,加强国际合作,防止核扩散,完善防扩散机制,加强对核设施、核材料、核活动和核废料处置的安全管理、监管和保护,加强核事故应急体系和应急能力建设,防止、控制和消除核事故对公民生命健康和生态环境的危害,不断增强有效应对和防范核威胁、核攻击的能力。

第三十二条 国家坚持和平探索和利用外层空间、国际海底区域和极地,增强安全进出、科学考察、开发利用的能力,加强国际合作,维护我国在外层空间、国际海底区域和极地的活动、资产和其他利益的安全。

第三十三条 国家依法采取必要措施,保护海外中国公民、组织和机构的安全和正当权益,保护国家的海外利益不受威胁和侵害。

第三十四条 国家根据经济社会发展和国家发展利益的需要,不断完善维护国家安全的任务。

第三章 维护国家安全的职责

第三十五条 全国人民代表大会依照宪法规定,决定战争和和平的问题,行使宪法规定的涉及国家安全的其他职权。

全国人民代表大会常务委员会依照宪法规定,决定战争状态的宣布,决定全国总动员或者局部动员,决定全国或者个别省、自治区、直辖市进入紧急状态,行使宪法规定的和全国人民代表大会授予的涉及国家安全的其他职权。

第三十六条 中华人民共和国主席根据全国人民代表大会的决定和全国人民代表大会常务委员会的决定,宣布进入紧急状态,宣布战争状态,发布动员令,行使宪法规定的涉及国家安全的其他职权。

第三十七条 国务院根据宪法和法律,制定涉及国家安全的行政法规,规定有关行政措施,发布有关决定和命令;实施国家安全法律法规和政策;依照法律规定决定省、自治区、直辖市的范围内部分地区进入紧急状态;行使宪法法律规定的和全国人民代表大会及其常务委员会授予的涉及国家安全的其他职权。

第三十八条 中央军事委员会领导全国武装力量,决定军事战略和武装力量的作战方针,统一指挥维护国家安全的军事行动,制定涉及国家安全的军事法规,发布有关决定和命令。

第三十九条 中央国家机关各部门按照职责分工,贯彻执行国家安全方针政策和法律法规,管理指导本系统、本领域国家安全工作。

第四十条 地方各级人民代表大会和县级以上地方各级人民代表大会常务委员会在本行政区域内,保证国家安全法律法规的遵守和执行。

地方各级人民政府依照法律法规规定管理本行政区域内的国家安全工作。

香港特别行政区、澳门特别行政区应当履行维护国家安全的责任。

第四十一条 人民法院依照法律规定行使审判权,人民检察院依照法律规定行使检察权,惩治危害国家安全的犯罪。

第四十二条 国家安全机关、公安机关依法搜集涉及国家安全的情报信息,在国家安全工作中依法行使侦查、拘留、预审和执行逮捕以及法律规定的其他职权。

有关军事机关在国家安全工作中依法行使相关职权。

第四十三条 国家机关及其工作人员在履行职责时,应当贯彻维护国家安全的原则。

国家机关及其工作人员在国家安全工作和涉及国家安全活动中,应当严格依法履行职责,不得超越职权、滥用职权,不得侵犯个人和组织的合法权益。

第四章 国家安全制度

第一节 一般规定

第四十四条 中央国家安全领导机构实行统分结合、协调高效的国家安全制度与工作机制。

第四十五条 国家建立国家安全重点领域工作协调机制,统筹协调中央有关职能部门推进相关工作。

第四十六条 国家建立国家安全工作督促检查和责任追究机制,确保国家安全战略和重大部署贯彻落实。

第四十七条 各部门、各地区应当采取有效措施,贯彻实施国家安全战略。

第四十八条 国家根据维护国家安全工作需要,建立跨部门会商工作机制,就维护国家安全工作的重大事项进行会商研判,提出意见和建议。

第四十九条 国家建立中央与地方之间、部门之间、军地之间以及地区之间关于国家安全的协同联动机制。

第五十条 国家建立国家安全决策咨询机制,组织专家和有关方面开展对国家安全形势的分析研判,推进国家安全的科学决策。

第二节 情报信息

第五十一条 国家健全统一归口、反应灵敏、准确高效、运转顺畅的情报信息收集、研判和使用制度,建立情报信息工作协调机制,实现情报信息的及时收集、准确研判、有效使用和共享。

第五十二条 国家安全机关、公安机关、有关军事机关根据职责分工,依法搜集涉及国家安全的情报信息。

国家机关各部门在履行职责过程中,对于获取的涉及国家安全的有关信息应当及时上报。

第五十三条 开展情报信息工作,应当充分运用现代科学技术手段,加强对情报信息的鉴别、筛选、综合和研判分析。

第五十四条 情报信息的报送应当及时、准确、客观,不得迟报、漏报、瞒报和谎报。

第三节 风险预防、评估和预警

第五十五条 国家制定完善应对各领域国家安全风险预案。

第五十六条 国家建立国家安全风险评估机制,定期开展各领域国家安全风险调查评估。

有关部门应当定期向中央国家安全领导机构提交国家安全风险评估报告。

第五十七条 国家健全国家安全风险监测预警制度,根据国家安全风险程度,及时发布相应风险预警。

第五十八条 对可能即将发生或者已经发生的危害国家安全的事件,县级以上地方人民政府及其有关主管部门应当立即按照规定向上一级人民政府及其有关主管部门报告,必要时可以越级上报。

第四节 审查监管

第五十九条 国家建立国家安全审查和监管的制度和机制,对影响或者可能影响国家安全的外商投资、特定物项和关键技术、网络信息技术产品和服务、涉及国家安全事项的建设项目,以及其他重大事项和活动,进行国家安全审查,有效预防和化解国家安全风险。

第六十条 中央国家机关各部门依照法律、行政法规行使国家安全审查职责,依法作出国家安全审查决定或者提出安全审查意见并监督执行。

第六十一条 省、自治区、直辖市依法负责本行政区域内有关国家安全审查和监管工作。

第五节 危机管控

第六十二条 国家建立统一领导、协同联动、有序高效的国家安全危机管控制度。

第六十三条 发生危及国家安全的重大事件,中央有关部门和有关地方根据中央国家安全领导机构的统一部署,依法启动应急预案,采取管控处置措施。

第六十四条 发生危及国家安全的特别重大事件,需要进入紧急状态、战争状态或者进行全国总动员、局部动员的，由全国人民代表大会、全国人民代表大会常务委员会或者国务院依照宪法和有关法律规定的权限和程序决定。

第六十五条　国家决定进入紧急状态、战争状态或者实施国防动员后，履行国家安全危机管控职责的有关机关依照法律规定或者全国人民代表大会常务委员会规定，有权采取限制公民和组织权利、增加公民和组织义务的特别措施。

第六十六条　履行国家安全危机管控职责的有关机关依法采取处置国家安全危机的管控措施，应当与国家安全危机可能造成的危害的性质、程度和范围相适应；有多种措施可供选择的，应当选择有利于最大程度保护公民、组织权益的措施。

第六十七条　国家健全国家安全危机的信息报告和发布机制。

国家安全危机事件发生后，履行国家安全危机管控职责的有关机关，应当按照规定准确、及时报告，并依法将有关国家安全危机事件发生、发展、管控处置及善后情况统一向社会发布。

第六十八条　国家安全威胁和危害得到控制或者消除后，应当及时解除管控处置措施，做好善后工作。

第五章　国家安全保障

第六十九条　国家健全国家安全保障体系，增强维护国家安全的能力。

第七十条　国家健全国家安全法律制度体系，推动国家安全法治建设。

第七十一条　国家加大对国家安全各项建设的投入，保障国家安全工作所需经费和装备。

第七十二条　承担国家安全战略物资储备任务的单位，应当按照国家有关规定和标准对国家安全物资进行收储、保管和维护，定期调整更换，保证储备物资的使用效能和安全。

第七十三条　鼓励国家安全领域科技创新，发挥科技在维护国家安全中的作用。

第七十四条　国家采取必要措施,招录、培养和管理国家安全工作专门人才和特殊人才。

根据维护国家安全工作的需要,国家依法保护有关机关专门从事国家安全工作人员的身份和合法权益,加大人身保护和安置保障力度。

第七十五条　国家安全机关、公安机关、有关军事机关开展国家安全专门工作,可以依法采取必要手段和方式,有关部门和地方应当在职责范围内提供支持和配合。

第七十六条　国家加强国家安全新闻宣传和舆论引导,通过多种形式开展国家安全宣传教育活动,将国家安全教育纳入国民教育体系和公务员教育培训体系,增强全民国家安全意识。

第六章　公民、组织的义务和权利

第七十七条　公民和组织应当履行下列维护国家安全的义务:
(一)遵守宪法、法律法规关于国家安全的有关规定;
(二)及时报告危害国家安全活动的线索;
(三)如实提供所知悉的涉及危害国家安全活动的证据;
(四)为国家安全工作提供便利条件或者其他协助;
(五)向国家安全机关、公安机关和有关军事机关提供必要的支持和协助;
(六)保守所知悉的国家秘密;
(七)法律、行政法规规定的其他义务。
任何个人和组织不得有危害国家安全的行为,不得向危害国家安全的个人或者组织提供任何资助或者协助。

第七十八条　机关、人民团体、企业事业组织和其他社会组织应当对本单位的人员进行维护国家安全的教育,动员、组织本单位的人员防范、制止危害国家安全的行为。

第七十九条　企业事业组织根据国家安全工作的要求,应当配合有关部门采取相关安全措施。

第八十条 公民和组织支持、协助国家安全工作的行为受法律保护。

因支持、协助国家安全工作，本人或者其近亲属的人身安全面临危险的，可以向公安机关、国家安全机关请求予以保护。公安机关、国家安全机关应当会同有关部门依法采取保护措施。

第八十一条 公民和组织因支持、协助国家安全工作导致财产损失的，按照国家有关规定给予补偿；造成人身伤害或者死亡的，按照国家有关规定给予抚恤优待。

第八十二条 公民和组织对国家安全工作有向国家机关提出批评建议的权利，对国家机关及其工作人员在国家安全工作中的违法失职行为有提出申诉、控告和检举的权利。

第八十三条 在国家安全工作中，需要采取限制公民权利和自由的特别措施时，应当依法进行，并以维护国家安全的实际需要为限度。

第七章 附 则

第八十四条 本法自公布之日起施行。

中华人民共和国网络安全法

（2016年11月7日第十二届全国人民代表大会常务委员会第二十四次会议通过 2016年11月7日中华人民共和国主席令第53号公布 自2017年6月1日起施行）

第一章 总 则

第一条 为了保障网络安全，维护网络空间主权和国家安全、社会公共利益，保护公民、法人和其他组织的合法权益，促进经济社会信息化健康发展,制定本法。

第二条 在中华人民共和国境内建设、运营、维护和使用网络,以及网络安全的监督管理,适用本法。

第三条 国家坚持网络安全与信息化发展并重,遵循积极利用、科学发展、依法管理、确保安全的方针,推进网络基础设施建设和互联互通,鼓励网络技术创新和应用,支持培养网络安全人才,建立健全网络安全保障体系,提高网络安全保护能力。

第四条 国家制定并不断完善网络安全战略,明确保障网络安全的基本要求和主要目标,提出重点领域的网络安全政策、工作任务和措施。

第五条 国家采取措施,监测、防御、处置来源于中华人民共和国境内外的网络安全风险和威胁,保护关键信息基础设施免受攻击、侵入、干扰和破坏,依法惩治网络违法犯罪活动,维护网络空间安全和秩序。

第六条 国家倡导诚实守信、健康文明的网络行为,推动传播社会主义核心价值观,采取措施提高全社会的网络安全意识和水平,形成全社会共同参与促进网络安全的良好环境。

第七条 国家积极开展网络空间治理、网络技术研发和标准制定、打击网络违法犯罪等方面的国际交流与合作,推动构建和平、安全、开放、合作的网络空间,建立多边、民主、透明的网络治理体系。

第八条 国家网信部门负责统筹协调网络安全工作和相关监督管理工作。国务院电信主管部门、公安部门和其他有关机关依照本法和有关法律、行政法规的规定,在各自职责范围内负责网络安全保护和监督管理工作。

县级以上地方人民政府有关部门的网络安全保护和监督管理职责,按照国家有关规定确定。

第九条 网络运营者开展经营和服务活动,必须遵守法律、行政法规,尊重社会公德,遵守商业道德,诚实信用,履行网络安全保护义务,接受政府和社会的监督,承担社会责任。

第十条 建设、运营网络或者通过网络提供服务,应当依照法律、行政法规的规定和国家标准的强制性要求,采取技术措施和其他必要措施,保障网络安全、稳定运行,有效应对网络安全事件,防范网络违法犯罪活动,维护网络数据的完整性、保密性和可用性。

第十一条 网络相关行业组织按照章程,加强行业自律,制定网络安全行为规范,指导会员加强网络安全保护,提高网络安全保护水平,促进行业健康发展。

第十二条 国家保护公民、法人和其他组织依法使用网络的权利,促进网络接入普及,提升网络服务水平,为社会提供安全、便利的网络服务,保障网络信息依法有序自由流动。

任何个人和组织使用网络应当遵守宪法法律,遵守公共秩序,尊重社会公德,不得危害网络安全,不得利用网络从事危害国家安全、荣誉和利益、煽动颠覆国家政权、推翻社会主义制度,煽动分裂国家、破坏国家统一、宣扬恐怖主义、极端主义,宣扬民族仇恨、民族歧视,传播暴力、淫秽色情信息,编造、传播虚假信息扰乱经济秩序和社会秩序,以及侵害他人名誉、隐私、知识产权和其他合法权益等活动。

第十三条 国家支持研究开发有利于未成年人健康成长的网络产品和服务,依法惩治利用网络从事危害未成年人身心健康的活动,为未成年人提供安全、健康的网络环境。

第十四条 任何个人和组织有权对危害网络安全的行为向网信、电信、公安等部门举报。收到举报的部门应当及时依法作出处理;不属于本部门职责的,应当及时移送有权处理的部门。

有关部门应当对举报人的相关信息予以保密,保护举报人的合法权益。

第二章　网络安全支持与促进

第十五条 国家建立和完善网络安全标准体系。国务院标准化行政主管部门和国务院其他有关部门根据各自的职责,组织制定并适时修订有关网络安全管理以及网络产品、服务和运行安全的国家标准、行业标准。

国家支持企业、研究机构、高等学校、网络相关行业组织参与网络安全国家标准、行业标准的制定。

第十六条 国务院和省、自治区、直辖市人民政府应当统筹规划,加大投入,扶持重点网络安全技术产业和项目,支持网络安全技术的研究开发和应用,推广安全可信的网络产品和服务,保护网络技术知识产权,支持企业、研究机构和高等学校等参与国家网络安全技术创新项目。

第十七条 国家推进网络安全社会化服务体系建设,鼓励有关企业、机构开展网络安全认证、检测和风险评估等安全服务。

第十八条 国家鼓励开发网络数据安全保护和利用技术,促进公共数据资源开放,推动技术创新和经济社会发展。

国家支持创新网络安全管理方式,运用网络新技术,提升网络安全保护水平。

第十九条 各级人民政府及其有关部门应当组织开展经常性的网络安全宣传教育,并指导、督促有关单位做好网络安全宣传教育工作。

大众传播媒介应当有针对性地面向社会进行网络安全宣传教育。

第二十条 国家支持企业和高等学校、职业学校等教育培训机构开展网络安全相关教育与培训,采取多种方式培养网络安全人才,促进网络安全人才交流。

第三章 网络运行安全

第一节 一般规定

第二十一条 国家实行网络安全等级保护制度。网络运营者应当按照网络安全等级保护制度的要求,履行下列安全保护义务,保障网络免受干扰、破坏或者未经授权的访问,防止网络数据泄露或者被窃取、篡改:

(一)制定内部安全管理制度和操作规程,确定网络安全负责人,落实网络安全保护责任;

(二)采取防范计算机病毒和网络攻击、网络侵入等危害网络安全行为的技术措施;

(三)采取监测、记录网络运行状态、网络安全事件的技术措施,并按照规定留存相关的网络日志不少于六个月;

（四）采取数据分类、重要数据备份和加密等措施；

（五）法律、行政法规规定的其他义务。

第二十二条　网络产品、服务应当符合相关国家标准的强制性要求。网络产品、服务的提供者不得设置恶意程序；发现其网络产品、服务存在安全缺陷、漏洞等风险时，应当立即采取补救措施，按照规定及时告知用户并向有关主管部门报告。

网络产品、服务的提供者应当为其产品、服务持续提供安全维护；在规定或者当事人约定的期限内，不得终止提供安全维护。

网络产品、服务具有收集用户信息功能的，其提供者应当向用户明示并取得同意；涉及用户个人信息的，还应当遵守本法和有关法律、行政法规关于个人信息保护的规定。

第二十三条　网络关键设备和网络安全专用产品应当按照相关国家标准的强制性要求，由具备资格的机构安全认证合格或者安全检测符合要求后，方可销售或者提供。国家网信部门会同国务院有关部门制定、公布网络关键设备和网络安全专用产品目录，并推动安全认证和安全检测结果互认，避免重复认证、检测。

第二十四条　网络运营者为用户办理网络接入、域名注册服务，办理固定电话、移动电话等入网手续，或者为用户提供信息发布、即时通讯等服务，在与用户签订协议或者确认提供服务时，应当要求用户提供真实身份信息。用户不提供真实身份信息的，网络运营者不得为其提供相关服务。

国家实施网络可信身份战略，支持研究开发安全、方便的电子身份认证技术，推动不同电子身份认证之间的互认。

第二十五条　网络运营者应当制定网络安全事件应急预案，及时处置系统漏洞、计算机病毒、网络攻击、网络侵入等安全风险；在发生危害网络安全的事件时，立即启动应急预案，采取相应的补救措施，并按照规定向有关主管部门报告。

第二十六条　开展网络安全认证、检测、风险评估等活动，向社会发布系统漏洞、计算机病毒、网络攻击、网络侵入等网络安全信息，应当遵守国家有关规定。

第二十七条 任何个人和组织不得从事非法侵入他人网络、干扰他人网络正常功能、窃取网络数据等危害网络安全的活动；不得提供专门用于从事侵入网络、干扰网络正常功能及防护措施、窃取网络数据等危害网络安全活动的程序、工具；明知他人从事危害网络安全的活动的，不得为其提供技术支持、广告推广、支付结算等帮助。

第二十八条 网络运营者应当为公安机关、国家安全机关依法维护国家安全和侦查犯罪的活动提供技术支持和协助。

第二十九条 国家支持网络运营者之间在网络安全信息收集、分析、通报和应急处置等方面进行合作，提高网络运营者的安全保障能力。

有关行业组织建立健全本行业的网络安全保护规范和协作机制，加强对网络安全风险的分析评估，定期向会员进行风险警示，支持、协助会员应对网络安全风险。

第三十条 网信部门和有关部门在履行网络安全保护职责中获取的信息，只能用于维护网络安全的需要，不得用于其他用途。

第二节 关键信息基础设施的运行安全

第三十一条 国家对公共通信和信息服务、能源、交通、水利、金融、公共服务、电子政务等重要行业和领域，以及其他一旦遭到破坏、丧失功能或者数据泄露，可能严重危害国家安全、国计民生、公共利益的关键信息基础设施，在网络安全等级保护制度的基础上，实行重点保护。关键信息基础设施的具体范围和安全保护办法由国务院制定。

国家鼓励关键信息基础设施以外的网络运营者自愿参与关键信息基础设施保护体系。

第三十二条 按照国务院规定的职责分工，负责关键信息基础设施安全保护工作的部门分别编制并组织实施本行业、本领域的关键信息基础设施安全规划，指导和监督关键信息基础设施运行安全保护工作。

第三十三条 建设关键信息基础设施应当确保其具有支持业务稳定、持续运行的性能，并保证安全技术措施同步规划、同步建设、同步使用。

第三十四条 除本法第二十一条的规定外,关键信息基础设施的运营者还应当履行下列安全保护义务：

(一)设置专门安全管理机构和安全管理负责人,并对该负责人和关键岗位的人员进行安全背景审查；

(二)定期对从业人员进行网络安全教育、技术培训和技能考核；

(三)对重要系统和数据库进行容灾备份；

(四)制定网络安全事件应急预案,并定期进行演练；

(五)法律、行政法规规定的其他义务。

第三十五条 关键信息基础设施的运营者采购网络产品和服务,可能影响国家安全的,应当通过国家网信部门会同国务院有关部门组织的国家安全审查。

第三十六条 关键信息基础设施的运营者采购网络产品和服务,应当按照规定与提供者签订安全保密协议,明确安全和保密义务与责任。

第三十七条 关键信息基础设施的运营者在中华人民共和国境内运营中收集和产生的个人信息和重要数据应当在境内存储。因业务需要,确需向境外提供的,应当按照国家网信部门会同国务院有关部门制定的办法进行安全评估；法律、行政法规另有规定的,依照其规定。

第三十八条 关键信息基础设施的运营者应当自行或者委托网络安全服务机构对其网络的安全性和可能存在的风险每年至少进行一次检测评估,并将检测评估情况和改进措施报送相关负责关键信息基础设施安全保护工作的部门。

第三十九条 国家网信部门应当统筹协调有关部门对关键信息基础设施的安全保护采取下列措施：

(一)对关键信息基础设施的安全风险进行抽查检测,提出改进措施,必要时可以委托网络安全服务机构对网络存在的安全风险进行检测评估；

(二)定期组织关键信息基础设施的运营者进行网络安全应急演练,提高应对网络安全事件的水平和协同配合能力；

(三)促进有关部门、关键信息基础设施的运营者以及有关研究机构、网络安全服务机构等之间的网络安全信息共享；

（四）对网络安全事件的应急处置与网络功能的恢复等，提供技术支持和协助。

第四章　网络信息安全

第四十条　网络运营者应当对其收集的用户信息严格保密，并建立健全用户信息保护制度。

第四十一条　网络运营者收集、使用个人信息，应当遵循合法、正当、必要的原则，公开收集、使用规则，明示收集、使用信息的目的、方式和范围，并经被收集者同意。

网络运营者不得收集与其提供的服务无关的个人信息，不得违反法律、行政法规的规定和双方的约定收集、使用个人信息，并应当依照法律、行政法规的规定和与用户的约定，处理其保存的个人信息。

第四十二条　网络运营者不得泄露、篡改、毁损其收集的个人信息；未经被收集者同意，不得向他人提供个人信息。但是，经过处理无法识别特定个人且不能复原的除外。

网络运营者应当采取技术措施和其他必要措施，确保其收集的个人信息安全，防止信息泄露、毁损、丢失。在发生或者可能发生个人信息泄露、毁损、丢失的情况时，应当立即采取补救措施，按照规定及时告知用户并向有关主管部门报告。

第四十三条　个人发现网络运营者违反法律、行政法规的规定或者双方的约定收集、使用其个人信息的，有权要求网络运营者删除其个人信息；发现网络运营者收集、存储的其个人信息有错误的，有权要求网络运营者予以更正。网络运营者应当采取措施予以删除或者更正。

第四十四条　任何个人和组织不得窃取或者以其他非法方式获取个人信息，不得非法出售或者非法向他人提供个人信息。

第四十五条　依法负有网络安全监督管理职责的部门及其工作人员，必须对在履行职责中知悉的个人信息、隐私和商业秘密严格保密，不得泄露、出售或者非法向他人提供。

第四十六条　任何个人和组织应当对其使用网络的行为负责，不得设立用于实施诈骗,传授犯罪方法,制作或者销售违禁物品、管制物品等违法犯罪活动的网站、通讯群组,不得利用网络发布涉及实施诈骗,制作或者销售违禁物品、管制物品以及其他违法犯罪活动的信息。

第四十七条 网络运营者应当加强对其用户发布的信息的管理,发现法律、行政法规禁止发布或者传输的信息的,应当立即停止传输该信息,采取消除等处置措施,防止信息扩散,保存有关记录,并向有关主管部门报告。

第四十八条 任何个人和组织发送的电子信息、提供的应用软件,不得设置恶意程序,不得含有法律、行政法规禁止发布或者传输的信息。

电子信息发送服务提供者和应用软件下载服务提供者,应当履行安全管理义务,知道其用户有前款规定行为的,应当停止提供服务,采取消除等处置措施,保存有关记录,并向有关主管部门报告。

第四十九条 网络运营者应当建立网络信息安全投诉、举报制度,公布投诉、举报方式等信息,及时受理并处理有关网络信息安全的投诉和举报。

网络运营者对网信部门和有关部门依法实施的监督检查,应当予以配合。

第五十条 国家网信部门和有关部门依法履行网络信息安全监督管理职责,发现法律、行政法规禁止发布或者传输的信息的,应当要求网络运营者停止传输,采取消除等处置措施,保存有关记录;对来源于中华人民共和国境外的上述信息,应当通知有关机构采取技术措施和其他必要措施阻断传播。

第五章 监测预警与应急处置

第五十一条 国家建立网络安全监测预警和信息通报制度。国家网信部门应当统筹协调有关部门加强网络安全信息收集、分析和通报工作,按照规定统一发布网络安全监测预警信息。

第五十二条 负责关键信息基础设施安全保护工作的部门,应当建立健全本行业、本领域的网络安全监测预警和信息通报制度,并按照规定报送网络安全监测预警信息。

第五十三条 国家网信部门协调有关部门建立健全网络安全风险评估和应急工作机制,制定网络安全事件应急预案,并定期组织演练。

负责关键信息基础设施安全保护工作的部门应当制定本行业、本领域的网络安全事件应急预案,并定期组织演练。

网络安全事件应急预案应当按照事件发生后的危害程度、影响范围等因素对网络安全事件进行分级,并规定相应的应急处置措施。

第五十四条 网络安全事件发生的风险增大时,省级以上人民政府有关部门应当按照规定的权限和程序,并根据网络安全风险的特点和可能造成的危害,采取下列措施:

(一)要求有关部门、机构和人员及时收集、报告有关信息,加强对网络安全风险的监测;

(二)组织有关部门、机构和专业人员,对网络安全风险信息进行分析评估,预测事件发生的可能性、影响范围和危害程度;

(三)向社会发布网络安全风险预警,发布避免、减轻危害的措施。

第五十五条 发生网络安全事件,应当立即启动网络安全事件应急预案,对网络安全事件进行调查和评估,要求网络运营者采取技术措施和其他必要措施,消除安全隐患,防止危害扩大,并及时向社会发布与公众有关的警示信息。

第五十六条 省级以上人民政府有关部门在履行网络安全监督管理职责中,发现网络存在较大安全风险或者发生安全事件的,可以按照规定的权限和程序对该网络的运营者的法定代表人或者主要负责人进行约谈。网络运营者应当按照要求采取措施,进行整改,消除隐患。

第五十七条 因网络安全事件,发生突发事件或者生产安全事故的,应当依照《中华人民共和国突发事件应对法》、《中华人民共和国安全生产法》等有关法律、行政法规的规定处置。

第五十八条 因维护国家安全和社会公共秩序,处置重大突发社会安全事件的需要,经国务院决定或者批准,可以在特定区域对网络通信采取限制等临时措施。

第六章　法律责任

第五十九条　网络运营者不履行本法第二十一条、第二十五条规定的网络安全保护义务的,由有关主管部门责令改正,给予警告;拒不改正或者导致危害网络安全等后果的,处一万元以上十万元以下罚款,对直接负责的主管人员处五千元以上五万元以下罚款。

关键信息基础设施的运营者不履行本法第三十三条、第三十四条、第三十六条、第三十八条规定的网络安全保护义务的,由有关主管部门责令改正,给予警告;拒不改正或者导致危害网络安全等后果的,处十万元以上一百万元以下罚款,对直接负责的主管人员处一万元以上十万元以下罚款。

第六十条　违反本法第二十二条第一款、第二款和第四十八条第一款规定,有下列行为之一的,由有关主管部门责令改正,给予警告;拒不改正或者导致危害网络安全等后果的,处五万元以上五十万元以下罚款,对直接负责的主管人员处一万元以上十万元以下罚款:

(一)设置恶意程序的;

(二)对其产品、服务存在的安全缺陷、漏洞等风险未立即采取补救措施,或者未按照规定及时告知用户并向有关主管部门报告的;

(三)擅自终止为其产品、服务提供安全维护的。

第六十一条　网络运营者违反本法第二十四条第一款规定,未要求用户提供真实身份信息,或者对不提供真实身份信息的用户提供相关服务的,由有关主管部门责令改正;拒不改正或者情节严重的,处五万元以上五十万元以下罚款,并可以由有关主管部门责令暂停相关业务、停业整顿、关闭网站、吊销相关业务许可证或者吊销营业执照,对直接负责的主管人员和其他直接责任人员处一万元以上十万元以下罚款。

第六十二条　违反本法第二十六条规定,开展网络安全认证、检测、风险评估等活动,或者向社会发布系统漏洞、计算机病毒、网络攻击、网络侵入等网络安全信息的,由有关主管部门责令改正,给予警告;拒不改正或者情节严重的,处一万元以上十万元以下罚款,并可以由有关主管部门责令暂停相关业务、停业整顿、关闭网站、吊销相关业务许可证或者吊销营业执照,对直接负责的主管人员和其他直接责任人员处五千元以上五万元以下罚款。

第六十三条 违反本法第二十七条规定,从事危害网络安全的活动,或者提供专门用于从事危害网络安全活动的程序、工具,或者为他人从事危害网络安全的活动提供技术支持、广告推广、支付结算等帮助,尚不构成犯罪的,由公安机关没收违法所得,处五日以下拘留,可以并处五万元以上五十万元以下罚款;情节较重的,处五日以上十五日以下拘留,可以并处十万元以上一百万元以下罚款。

单位有前款行为的,由公安机关没收违法所得,处十万元以上一百万元以下罚款,并对直接负责的主管人员和其他直接责任人员依照前款规定处罚。

违反本法第二十七条规定,受到治安管理处罚的人员,五年内不得从事网络安全管理和网络运营关键岗位的工作;受到刑事处罚的人员,终身不得从事网络安全管理和网络运营关键岗位的工作。

第六十四条 网络运营者、网络产品或者服务的提供者违反本法第二十二条第三款、第四十一条至第四十三条规定,侵害个人信息依法得到保护的权利的,由有关主管部门责令改正,可以根据情节单处或者并处警告、没收违法所得、处违法所得一倍以上十倍以下罚款,没有违法所得的,处一百万元以下罚款,对直接负责的主管人员和其他直接责任人员处一万元以上十万元以下罚款;情节严重的,并可以责令暂停相关业务、停业整顿、关闭网站、吊销相关业务许可证或者吊销营业执照。

违反本法第四十四条规定,窃取或者以其他非法方式获取、非法出售或者非法向他人提供个人信息,尚不构成犯罪的,由公安机关没收违法所得,并处违法所得一倍以上十倍以下罚款,没有违法所得的,处一百万元以下罚款。

第六十五条 关键信息基础设施的运营者违反本法第三十五条规定,使用未经安全审查或者安全审查未通过的网络产品或者服务的,由有关主管部门责令停止使用,处采购金额一倍以上十倍以下罚款;对直接负责的主管人员和其他直接责任人员处一万元以上十万元以下罚款。

第六十六条　关键信息基础设施的运营者违反本法第三十七条规定,在境外存储网络数据,或者向境外提供网络数据的,由有关主管部门责令改正,给予警告,没收违法所得,处五万元以上五十万元以下罚款,并可以责令暂停相关业务、停业整顿、关闭网站、吊销相关业务许可证或者吊销营业执照;对直接负责的主管人员和其他直接责任人员处一万元以上十万元以下罚款。

第六十七条　违反本法第四十六条规定,设立用于实施违法犯罪活动的网站、通讯群组,或者利用网络发布涉及实施违法犯罪活动的信息,尚不构成犯罪的,由公安机关处五日以下拘留,可以并处一万元以上十万元以下罚款;情节较重的,处五日以上十五日以下拘留,可以并处五万元以上五十万元以下罚款。关闭用于实施违法犯罪活动的网站、通讯群组。

单位有前款行为的,由公安机关处十万元以上五十万元以下罚款,并对直接负责的主管人员和其他直接责任人员依照前款规定处罚。

第六十八条　网络运营者违反本法第四十七条规定,对法律、行政法规禁止发布或者传输的信息未停止传输、采取消除等处置措施、保存有关记录的,由有关主管部门责令改正,给予警告,没收违法所得;拒不改正或者情节严重的,处十万元以上五十万元以下罚款,并可以责令暂停相关业务、停业整顿、关闭网站、吊销相关业务许可证或者吊销营业执照,对直接负责的主管人员和其他直接责任人员处一万元以上十万元以下罚款。

电子信息发送服务提供者、应用软件下载服务提供者,不履行本法第四十八条第二款规定的安全管理义务的,依照前款规定处罚。

第六十九条　网络运营者违反本法规定,有下列行为之一的,由有关主管部门责令改正;拒不改正或者情节严重的,处五万元以上五十万元以下罚款,对直接负责的主管人员和其他直接责任人员,处一万元以上十万元以下罚款:

(一)不按照有关部门的要求对法律、行政法规禁止发布或者传输的信息,采取停止传输、消除等处置措施的;

(二)拒绝、阻碍有关部门依法实施的监督检查的;

(三)拒不向公安机关、国家安全机关提供技术支持和协助的。

第七十条　发布或者传输本法第十二条第二款和其他法律、行政法规禁止发布或者传输的信息的,依照有关法律、行政法规的规定处罚。

第七十一条 有本法规定的违法行为的,依照有关法律、行政法规的规定记入信用档案,并予以公示。

第七十二条 国家机关政务网络的运营者不履行本法规定的网络安全保护义务的,由其上级机关或者有关机关责令改正;对直接负责的主管人员和其他直接责任人员依法给予处分。

第七十三条 网信部门和有关部门违反本法第三十条规定,将在履行网络安全保护职责中获取的信息用于其他用途的,对直接负责的主管人员和其他直接责任人员依法给予处分。

网信部门和有关部门的工作人员玩忽职守、滥用职权、徇私舞弊,尚不构成犯罪的,依法给予处分。

第七十四条 违反本法规定,给他人造成损害的,依法承担民事责任。

违反本法规定,构成违反治安管理行为的,依法给予治安管理处罚;构成犯罪的,依法追究刑事责任。

第七十五条 境外的机构、组织、个人从事攻击、侵入、干扰、破坏等危害中华人民共和国的关键信息基础设施的活动,造成严重后果的,依法追究法律责任;国务院公安部门和有关部门并可以决定对该机构、组织、个人采取冻结财产或者其他必要的制裁措施。

第七章 附 则

第七十六条 本法下列用语的含义:

(一)网络,是指由计算机或者其他信息终端及相关设备组成的按照一定的规则和程序对信息进行收集、存储、传输、交换、处理的系统。

(二)网络安全,是指通过采取必要措施,防范对网络的攻击、侵入、干扰、破坏和非法使用以及意外事故,使网络处于稳定可靠运行的状态,以及保障网络数据的完整性、保密性、可用性的能力。

(三)网络运营者,是指网络的所有者、管理者和网络服务提供者。

(四)网络数据,是指通过网络收集、存储、传输、处理和产生的各种电子数据。

（五）个人信息，是指以电子或者其他方式记录的能够单独或者与其他信息结合识别自然人个人身份的各种信息，包括但不限于自然人的姓名、出生日期、身份证件号码、个人生物识别信息、住址、电话号码等。

第七十七条　存储、处理涉及国家秘密信息的网络的运行安全保护，除应当遵守本法外，还应当遵守保密法律、行政法规的规定。

第七十八条　军事网络的安全保护，由中央军事委员会另行规定。

第七十九条　本法自2017年6月1日起施行。

中华人民共和国数据安全法

（2021年6月10日第十三届全国人民代表大会常务委员会第二十九次会议通过　2021年6月10日中华人民共和国主席令第84号公布　自2021年9月1日起施行）

第一章　总　　则

第一条　为了规范数据处理活动，保障数据安全，促进数据开发利用，保护个人、组织的合法权益，维护国家主权、安全和发展利益，制定本法。

第二条　在中华人民共和国境内开展数据处理活动及其安全监管，适用本法。

在中华人民共和国境外开展数据处理活动，损害中华人民共和国国家安全、公共利益或者公民、组织合法权益的，依法追究法律责任。

第三条　本法所称数据，是指任何以电子或者其他方式对信息的记录。

数据处理，包括数据的收集、存储、使用、加工、传输、提供、公开等。

数据安全,是指通过采取必要措施,确保数据处于有效保护和合法利用的状态,以及具备保障持续安全状态的能力。

第四条 维护数据安全,应当坚持总体国家安全观,建立健全数据安全治理体系,提高数据安全保障能力。

第五条 中央国家安全领导机构负责国家数据安全工作的决策和议事协调,研究制定、指导实施国家数据安全战略和有关重大方针政策,统筹协调国家数据安全的重大事项和重要工作,建立国家数据安全工作协调机制。

第六条 各地区、各部门对本地区、本部门工作中收集和产生的数据及数据安全负责。

工业、电信、交通、金融、自然资源、卫生健康、教育、科技等主管部门承担本行业、本领域数据安全监管职责。

公安机关、国家安全机关等依照本法和有关法律、行政法规的规定,在各自职责范围内承担数据安全监管职责。

国家网信部门依照本法和有关法律、行政法规的规定,负责统筹协调网络数据安全和相关监管工作。

第七条 国家保护个人、组织与数据有关的权益,鼓励数据依法合理有效利用,保障数据依法有序自由流动,促进以数据为关键要素的数字经济发展。

第八条 开展数据处理活动,应当遵守法律、法规,尊重社会公德和伦理,遵守商业道德和职业道德,诚实守信,履行数据安全保护义务,承担社会责任,不得危害国家安全、公共利益,不得损害个人、组织的合法权益。

第九条 国家支持开展数据安全知识宣传普及,提高全社会的数据安全保护意识和水平,推动有关部门、行业组织、科研机构、企业、个人等共同参与数据安全保护工作,形成全社会共同维护数据安全和促进发展的良好环境。

第十条 相关行业组织按照章程,依法制定数据安全行为规范和团体标准,加强行业自律,指导会员加强数据安全保护,提高数据安全保护水平,促进行业健康发展。

第十一条 国家积极开展数据安全治理、数据开发利用等领域的国际交流与合作,参与数据安全相关国际规则和标准的制定,促进数据跨境安全、自由流动。

第十二条 任何个人、组织都有权对违反本法规定的行为向有关主管部门投诉、举报。收到投诉、举报的部门应当及时依法处理。

有关主管部门应当对投诉、举报人的相关信息予以保密,保护投诉、举报人的合法权益。

第二章 数据安全与发展

第十三条 国家统筹发展和安全,坚持以数据开发利用和产业发展促进数据安全,以数据安全保障数据开发利用和产业发展。

第十四条 国家实施大数据战略,推进数据基础设施建设,鼓励和支持数据在各行业、各领域的创新应用。

省级以上人民政府应当将数字经济发展纳入本级国民经济和社会发展规划,并根据需要制定数字经济发展规划。

第十五条 国家支持开发利用数据提升公共服务的智能化水平。提供智能化公共服务,应当充分考虑老年人、残疾人的需求,避免对老年人、残疾人的日常生活造成障碍。

第十六条 国家支持数据开发利用和数据安全技术研究,鼓励数据开发利用和数据安全等领域的技术推广和商业创新,培育、发展数据开发利用和数据安全产品、产业体系。

第十七条 国家推进数据开发利用技术和数据安全标准体系建设。国务院标准化行政主管部门和国务院有关部门根据各自的职责,组织制定并适时修订有关数据开发利用技术、产品和数据安全相关标准。国家支持企业、社会团体和教育、科研机构等参与标准制定。

第十八条 国家促进数据安全检测评估、认证等服务的发展,支持数据安全检测评估、认证等专业机构依法开展服务活动。

国家支持有关部门、行业组织、企业、教育和科研机构、有关专业机构等在数据安全风险评估、防范、处置等方面开展协作。

第十九条 国家建立健全数据交易管理制度,规范数据交易行为,培育数据交易市场。

第二十条 国家支持教育、科研机构和企业等开展数据开发利用技术和数据安全相关教育和培训,采取多种方式培养数据开发利用技术和数据安全专业人才,促进人才交流。

第三章 数据安全制度

第二十一条 国家建立数据分类分级保护制度,根据数据在经济社会发展中的重要程度,以及一旦遭到篡改、破坏、泄露或者非法获取、非法利用,对国家安全、公共利益或者个人、组织合法权益造成的危害程度,对数据实行分类分级保护。国家数据安全工作协调机制统筹协调有关部门制定重要数据目录,加强对重要数据的保护。

关系国家安全、国民经济命脉、重要民生、重大公共利益等数据属于国家核心数据,实行更加严格的管理制度。

各地区、各部门应当按照数据分类分级保护制度,确定本地区、本部门以及相关行业、领域的重要数据具体目录,对列入目录的数据进行重点保护。

第二十二条 国家建立集中统一、高效权威的数据安全风险评估、报告、信息共享、监测预警机制。国家数据安全工作协调机制统筹协调有关部门加强数据安全风险信息的获取、分析、研判、预警工作。

第二十三条 国家建立数据安全应急处置机制。发生数据安全事件,有关主管部门应当依法启动应急预案,采取相应的应急处置措施,防止危害扩大,消除安全隐患,并及时向社会发布与公众有关的警示信息。

第二十四条 国家建立数据安全审查制度,对影响或者可能影响国家安全的数据处理活动进行国家安全审查。

依法作出的安全审查决定为最终决定。

第二十五条 国家对与维护国家安全和利益、履行国际义务相关的属于管制物项的数据依法实施出口管制。

第二十六条 任何国家或者地区在与数据和数据开发利用技术等有

关的投资、贸易等方面对中华人民共和国采取歧视性的禁止、限制或者其他类似措施的,中华人民共和国可以根据实际情况对该国家或者地区对等采取措施。

第四章　数据安全保护义务

第二十七条　开展数据处理活动应当依照法律、法规的规定,建立健全全流程数据安全管理制度,组织开展数据安全教育培训,采取相应的技术措施和其他必要措施,保障数据安全。利用互联网等信息网络开展数据处理活动,应当在网络安全等级保护制度的基础上,履行上述数据安全保护义务。

重要数据的处理者应当明确数据安全负责人和管理机构,落实数据安全保护责任。

第二十八条　开展数据处理活动以及研究开发数据新技术,应当有利于促进经济社会发展,增进人民福祉,符合社会公德和伦理。

第二十九条　开展数据处理活动应当加强风险监测,发现数据安全缺陷、漏洞等风险时,应当立即采取补救措施;发生数据安全事件时,应当立即采取处置措施,按照规定及时告知用户并向有关主管部门报告。

第三十条　重要数据的处理者应当按照规定对其数据处理活动定期开展风险评估,并向有关主管部门报送风险评估报告。

风险评估报告应当包括处理的重要数据的种类、数量,开展数据处理活动的情况,面临的数据安全风险及其应对措施等。

第三十一条　关键信息基础设施的运营者在中华人民共和国境内运营中收集和产生的重要数据的出境安全管理,适用《中华人民共和国网络安全法》的规定;其他数据处理者在中华人民共和国境内运营中收集和产生的重要数据的出境安全管理办法,由国家网信部门会同国务院有关部门制定。

第三十二条　任何组织、个人收集数据,应当采取合法、正当的方式,不得窃取或者以其他非法方式获取数据。

法律、行政法规对收集、使用数据的目的、范围有规定的,应当在法律、行政法规规定的目的和范围内收集、使用数据。

第三十三条　从事数据交易中介服务的机构提供服务，应当要求数据提供方说明数据来源，审核交易双方的身份，并留存审核、交易记录。

第三十四条　法律、行政法规规定提供数据处理相关服务应当取得行政许可的，服务提供者应当依法取得许可。

第三十五条　公安机关、国家安全机关因依法维护国家安全或者侦查犯罪的需要调取数据，应当按照国家有关规定，经过严格的批准手续，依法进行，有关组织、个人应当予以配合。

第三十六条　中华人民共和国主管机关根据有关法律和中华人民共和国缔结或者参加的国际条约、协定，或者按照平等互惠原则，处理外国司法或者执法机构关于提供数据的请求。非经中华人民共和国主管机关批准，境内的组织、个人不得向外国司法或者执法机构提供存储于中华人民共和国境内的数据。

第五章　政务数据安全与开放

第三十七条　国家大力推进电子政务建设，提高政务数据的科学性、准确性、时效性，提升运用数据服务经济社会发展的能力。

第三十八条　国家机关为履行法定职责的需要收集、使用数据，应当在其履行法定职责的范围内依照法律、行政法规规定的条件和程序进行；对在履行职责中知悉的个人隐私、个人信息、商业秘密、保密商务信息等数据应当依法予以保密，不得泄露或者非法向他人提供。

第三十九条　国家机关应当依照法律、行政法规的规定，建立健全数据安全管理制度，落实数据安全保护责任，保障政务数据安全。

第四十条　国家机关委托他人建设、维护电子政务系统，存储、加工政务数据，应当经过严格的批准程序，并应当监督受托方履行相应的数据安全保护义务。受托方应当依照法律、法规的规定和合同约定履行数据安全保护义务，不得擅自留存、使用、泄露或者向他人提供政务数据。

第四十一条　国家机关应当遵循公正、公平、便民的原则，按照规定及时、准确地公开政务数据。依法不予公开的除外。

第四十二条 国家制定政务数据开放目录，构建统一规范、互联互通、安全可控的政务数据开放平台，推动政务数据开放利用。

第四十三条 法律、法规授权的具有管理公共事务职能的组织为履行法定职责开展数据处理活动，适用本章规定。

第六章 法律责任

第四十四条 有关主管部门在履行数据安全监管职责中，发现数据处理活动存在较大安全风险的，可以按照规定的权限和程序对有关组织、个人进行约谈，并要求有关组织、个人采取措施进行整改，消除隐患。

第四十五条 开展数据处理活动的组织、个人不履行本法第二十七条、第二十九条、第三十条规定的数据安全保护义务的，由有关主管部门责令改正，给予警告，可以并处五万元以上五十万元以下罚款，对直接负责的主管人员和其他直接责任人员可以处一万元以上十万元以下罚款；拒不改正或者造成大量数据泄露等严重后果的，处五十万元以上二百万元以下罚款，并可以责令暂停相关业务、停业整顿、吊销相关业务许可证或者吊销营业执照，对直接负责的主管人员和其他直接责任人员处五万元以上二十万元以下罚款。

违反国家核心数据管理制度，危害国家主权、安全和发展利益的，由有关主管部门处二百万元以上一千万元以下罚款，并根据情况责令暂停相关业务、停业整顿、吊销相关业务许可证或者吊销营业执照；构成犯罪的，依法追究刑事责任。

第四十六条 违反本法第三十一条规定，向境外提供重要数据的，由有关主管部门责令改正，给予警告，可以并处十万元以上一百万元以下罚款，对直接负责的主管人员和其他直接责任人员可以处一万元以上十万元以下罚款；情节严重的，处一百万元以上一千万元以下罚款，并可以责令暂停相关业务、停业整顿、吊销相关业务许可证或者吊销营业执照，对直接负责的主管人员和其他直接责任人员处十万元以上一百万元以下罚款。

第四十七条 从事数据交易中介服务的机构未履行本法第三十三条规定的义务的，由有关主管部门责令改正，没收违法所得，处违法所得一倍以上十倍以下罚款,没有违法所得或者违法所得不足十万元的,处十万元以上一百万元以下罚款,并可以责令暂停相关业务、停业整顿、吊销相关业务许可证或者吊销营业执照;对直接负责的主管人员和其他直接责任人员处一万元以上十万元以下罚款。

第四十八条　违反本法第三十五条规定,拒不配合数据调取的,由有关主管部门责令改正,给予警告,并处五万元以上五十万元以下罚款,对直接负责的主管人员和其他直接责任人员处一万元以上十万元以下罚款。

违反本法第三十六条规定,未经主管机关批准向外国司法或者执法机构提供数据的,由有关主管部门给予警告,可以并处十万元以上一百万元以下罚款,对直接负责的主管人员和其他直接责任人员可以处一万元以上十万元以下罚款;造成严重后果的,处一百万元以上五百万元以下罚款,并可以责令暂停相关业务、停业整顿、吊销相关业务许可证或者吊销营业执照,对直接负责的主管人员和其他直接责任人员处五万元以上五十万元以下罚款。

第四十九条　国家机关不履行本法规定的数据安全保护义务的,对直接负责的主管人员和其他直接责任人员依法给予处分。

第五十条　履行数据安全监管职责的国家工作人员玩忽职守、滥用职权、徇私舞弊的,依法给予处分。

第五十一条　窃取或者以其他非法方式获取数据,开展数据处理活动排除、限制竞争,或者损害个人、组织合法权益的,依照有关法律、行政法规的规定处罚。

第五十二条　违反本法规定,给他人造成损害的,依法承担民事责任。

违反本法规定,构成违反治安管理行为的,依法给予治安管理处罚;构成犯罪的,依法追究刑事责任。

第七章　附　　则

第五十三条　开展涉及国家秘密的数据处理活动,适用《中华人民共和国保守国家秘密法》等法律、行政法规的规定。

在统计、档案工作中开展数据处理活动，开展涉及个人信息的数据处理活动，还应当遵守有关法律、行政法规的规定。

第五十四条 军事数据安全保护的办法，由中央军事委员会依据本法另行制定。

第五十五条 本法自 2021 年 9 月 1 日起施行。

中华人民共和国
保守国家秘密法实施条例

（2014 年 1 月 17 日国务院令第 646 号公布　2024 年 7 月 10 日国务院令第 786 号修订　自 2024 年 9 月 1 日起施行）

第一章　总　　则

第一条　根据《中华人民共和国保守国家秘密法》（以下简称保密法）的规定，制定本条例。

第二条　坚持和加强中国共产党对保守国家秘密（以下简称保密）工作的领导。

中央保密工作领导机构领导全国保密工作，负责全国保密工作的顶层设计、统筹协调、整体推进、督促落实。

地方各级保密工作领导机构领导本地区保密工作，按照中央保密工作领导机构统一部署，贯彻落实党和国家保密工作战略及重大政策措施，统筹协调保密重大事项和重要工作，督促保密法律法规严格执行。

第三条　国家保密行政管理部门主管全国的保密工作。县级以上地方各级保密行政管理部门在上级保密行政管理部门指导下，主管本行政区域的保密工作。

第四条　中央国家机关在其职权范围内管理或者指导本系统的保密

工作,监督执行保密法律法规,可以根据实际情况制定或者会同有关部门制定主管业务方面的保密规定。

第五条 国家机关和涉及国家秘密的单位(以下简称机关、单位)不得将依法应当公开的事项确定为国家秘密,不得将涉及国家秘密的信息公开。

第六条 机关、单位实行保密工作责任制,承担本机关、本单位保密工作主体责任。机关、单位主要负责人对本机关、本单位的保密工作负总责,分管保密工作的负责人和分管业务工作的负责人在职责范围内对保密工作负领导责任,工作人员对本岗位的保密工作负直接责任。

机关、单位应当加强保密工作力量建设,中央国家机关应当设立保密工作机构,配备专职保密干部,其他机关、单位应当根据保密工作需要设立保密工作机构或者指定人员专门负责保密工作。

机关、单位及其工作人员履行保密工作责任制情况应当纳入年度考评和考核内容。

第七条 县级以上人民政府应当加强保密基础设施建设和关键保密科学技术产品的配备。

省级以上保密行政管理部门应当推动保密科学技术自主创新,促进关键保密科学技术产品的研发工作,鼓励和支持保密科学技术研究和应用。

第八条 保密行政管理部门履行职责所需的经费,应当列入本级预算。机关、单位开展保密工作所需经费应当列入本机关、本单位的年度预算或者年度收支计划。

第九条 保密行政管理部门应当组织开展经常性的保密宣传教育。干部教育培训主管部门应当会同保密行政管理部门履行干部保密教育培训工作职责。干部教育培训机构应当将保密教育纳入教学体系。教育行政部门应当推动保密教育纳入国民教育体系。宣传部门应当指导鼓励大众传播媒介充分发挥作用,普及保密知识,宣传保密法治,推动全社会增强保密意识。

机关、单位应当定期对本机关、本单位工作人员进行保密工作优良传统、保密形势任务、保密法律法规、保密技术防范、保密违法案例警示等方面的教育培训。

第十条 保密行政管理部门应当按照国家有关规定完善激励保障机制，加强专门人才队伍建设、专业培训和装备配备，提升保密工作专业化能力和水平。教育行政部门应当加强保密相关学科专业建设指导和支持。

第十一条 对有下列表现之一的组织和个人，应当按照国家有关规定给予表彰和奖励：

（一）在危急情况下保护国家秘密安全的；

（二）在重大涉密活动中，为维护国家秘密安全做出突出贡献的；

（三）在保密科学技术研究中取得重大成果或者显著成绩的；

（四）及时检举泄露或者非法获取、持有国家秘密行为的；

（五）发现他人泄露或者可能泄露国家秘密，立即采取补救措施，避免或者减轻危害后果的；

（六）在保密管理等涉密岗位工作，忠于职守，严守国家秘密，表现突出的；

（七）其他在保守、保护国家秘密工作中做出突出贡献的。

第二章　国家秘密的范围和密级

第十二条 国家秘密及其密级的具体范围（以下称保密事项范围）应当明确规定国家秘密具体事项的名称、密级、保密期限、知悉范围和产生层级。

保密事项范围应当根据情况变化及时调整。制定、修订保密事项范围应当充分论证，听取有关机关、单位和相关行业、领域专家的意见。

第十三条 有定密权限的机关、单位应当依据本行业、本领域以及相关行业、领域保密事项范围，制定国家秘密事项一览表，并报同级保密行政管理部门备案。国家秘密事项一览表应当根据保密事项范围及时修订。

第十四条 机关、单位主要负责人为本机关、本单位法定定密责任人，根据工作需要，可以明确本机关、本单位其他负责人、内设机构负责人或者其他人员为指定定密责任人。

定密责任人、承办人应当接受定密培训,熟悉定密职责和保密事项范围,掌握定密程序和方法。

第十五条 定密责任人在职责范围内承担国家秘密确定、变更和解除工作,指导、监督职责范围内的定密工作。具体职责是:

(一)审核批准承办人拟定的国家秘密的密级、保密期限和知悉范围;

(二)对本机关、本单位确定的尚在保密期限内的国家秘密进行审核,作出是否变更或者解除的决定;

(三)参与制定修订本机关、本单位国家秘密事项一览表;

(四)对是否属于国家秘密和属于何种密级不明确的事项先行拟定密级、保密期限和知悉范围,并按照规定的程序报保密行政管理部门确定。

第十六条 中央国家机关、省级机关以及设区的市级机关可以根据保密工作需要或者有关机关、单位申请,在国家保密行政管理部门规定的定密权限、授权范围内作出定密授权。

无法按照前款规定授权的,省级以上保密行政管理部门可以根据保密工作需要或者有关机关、单位申请,作出定密授权。

定密授权应当以书面形式作出。授权机关应当对被授权机关、单位履行定密授权的情况进行监督。被授权机关、单位不得再授权。

中央国家机关、省级机关和省、自治区、直辖市保密行政管理部门作出的定密授权,报国家保密行政管理部门备案;设区的市级机关作出的定密授权,报省、自治区、直辖市保密行政管理部门备案。

第十七条 机关、单位应当在国家秘密产生的同时,由承办人依据有关保密事项范围拟定密级、保密期限和知悉范围,报定密责任人审核批准,并采取相应保密措施。

机关、单位对应当定密但本机关、本单位没有定密权限的事项,先行采取保密措施,并依照法定程序,报上级机关、单位确定;没有上级机关、单位的,报有定密权限的业务主管部门或者保密行政管理部门确定。

机关、单位确定国家秘密,能够明确密点的,按照国家保密规定确定并标注。

第十八条 机关、单位执行上级确定的国家秘密事项或者办理其他机关、单位确定的国家秘密事项,有下列情形之一的,应当根据所执行、办理的国家秘密事项的密级、保密期限和知悉范围派生定密：

（一）与已确定的国家秘密事项完全一致的；

（二）涉及已确定的国家秘密事项密点的；

（三）对已确定的国家秘密事项进行概括总结、编辑整合、具体细化的；

（四）原定密机关、单位对使用已确定的国家秘密事项有明确定密要求的。

第十九条 机关、单位对所产生的国家秘密，应当按照保密事项范围的规定确定具体的保密期限或者解密时间；不能确定的，应当确定解密条件。

国家秘密的保密期限，自标明的制发日起计算；不能标明制发日的，确定该国家秘密的机关、单位应当书面通知知悉范围内的机关、单位和人员，保密期限自通知之日起计算。

第二十条 机关、单位应当依法限定国家秘密的知悉范围，对知悉机密级以上国家秘密的人员，应当作出记录。

第二十一条 国家秘密载体以及属于国家秘密的设备、产品（以下简称密品）的明显部位应当作出国家秘密标志。国家秘密标志应当标注密级、保密期限。国家秘密的密级或者保密期限发生变更的，应当及时对原国家秘密标志作出变更。

无法作出国家秘密标志的，确定该国家秘密的机关、单位应当书面通知知悉范围内的机关、单位和人员。

第二十二条 机关、单位对所确定的国家秘密，认为符合保密法有关解除或者变更规定的，应当及时解除或者变更。

机关、单位对不属于本机关、本单位确定的国家秘密，认为符合保密法有关解除或者变更规定的，可以向原定密机关、单位或者其上级机关、单位提出建议。

已经依法移交各级国家档案馆的属于国家秘密的档案，由原定密机关、单位按照国家有关规定进行解密审核。

第二十三条 机关、单位被撤销或者合并、分立的，该机关、单位所确定国家秘密的变更和解除，由承担其职能的机关、单位负责；没有相应机关、单位的,由其上级机关、单位或者同级保密行政管理部门指定的机关、单位负责。

第二十四条　机关、单位发现本机关、本单位国家秘密的确定、变更和解除不当的,应当及时纠正;上级机关、单位发现下级机关、单位国家秘密的确定、变更和解除不当的,应当及时通知其纠正,也可以直接纠正。

第二十五条　机关、单位对符合保密法的规定,但保密事项范围没有规定的不明确事项,应当先行拟定密级、保密期限和知悉范围,采取相应的保密措施,并自拟定之日起10个工作日内报有关部门确定。拟定为绝密级的事项和中央国家机关拟定的机密级、秘密级的事项,报国家保密行政管理部门确定;其他机关、单位拟定的机密级、秘密级的事项,报省、自治区、直辖市保密行政管理部门确定。

保密行政管理部门接到报告后,应当在10个工作日内作出决定。省、自治区、直辖市保密行政管理部门还应当将所作决定及时报国家保密行政管理部门备案。

第二十六条　机关、单位对已确定的国家秘密事项是否属于国家秘密或者属于何种密级有不同意见的,可以向原定密机关、单位提出异议,由原定密机关、单位作出决定。

机关、单位对原定密机关、单位未予处理或者对作出的决定仍有异议的,按照下列规定办理:

(一)确定为绝密级的事项和中央国家机关确定的机密级、秘密级的事项,报国家保密行政管理部门确定;

(二)其他机关、单位确定的机密级、秘密级的事项,报省、自治区、直辖市保密行政管理部门确定;对省、自治区、直辖市保密行政管理部门作出的决定有异议的,可以报国家保密行政管理部门确定。

在原定密机关、单位或者保密行政管理部门作出决定前,对有关事项应当按照主张密级中的最高密级采取相应的保密措施。

第三章　保密制度

第二十七条　国家秘密载体管理应当遵守下列规定:

（一）制作国家秘密载体，应当由本机关、本单位或者取得国家秘密载体制作、复制资质的单位承担，制作场所、设备应当符合国家保密规定；

（二）收发国家秘密载体，应当履行清点、编号、登记、签收手续；

（三）传递国家秘密载体，应当通过机要交通、机要通信或者其他符合国家保密规定的方式进行；

（四）阅读、使用国家秘密载体，应当在符合国家保密规定的场所进行；

（五）复制国家秘密载体或者摘录、引用、汇编属于国家秘密的内容，应当按照规定报批，不得擅自改变原件的密级、保密期限和知悉范围，复制件应当加盖复制机关、单位戳记，并视同原件进行管理；

（六）保存国家秘密载体的场所、设施、设备，应当符合国家保密规定；

（七）维修国家秘密载体，应当由本机关、本单位专门技术人员负责。确需外单位人员维修的，应当由本机关、本单位的人员现场监督。确需在本机关、本单位以外维修的，应当符合国家保密规定；

（八）携带国家秘密载体外出，应当符合国家保密规定，并采取可靠的保密措施。携带国家秘密载体出境，应当按照国家保密规定办理审批手续；

（九）清退国家秘密载体，应当按照制发机关、单位要求办理。

第二十八条　销毁国家秘密载体，应当符合国家保密规定和标准，确保销毁的国家秘密信息无法还原。

销毁国家秘密载体，应当履行清点、登记、审批手续，并送交保密行政管理部门设立的工作机构或者指定的单位销毁。机关、单位因工作需要，自行销毁少量国家秘密载体的，应当使用符合国家保密标准的销毁设备和方法。

第二十九条　绝密级国家秘密载体管理还应当遵守下列规定：

（一）收发绝密级国家秘密载体，应当指定专人负责；

（二）传递、携带绝密级国家秘密载体，应当两人以上同行，所用包装应当符合国家保密规定；

（三）阅读、使用绝密级国家秘密载体，应当在符合国家保密规定的指定场所进行；

（四）禁止复制、下载、汇编、摘抄绝密级文件信息资料,确有工作需要的,应当征得原定密机关、单位或者其上级机关同意;

（五）禁止将绝密级国家秘密载体携带出境,国家另有规定的从其规定。

第三十条　机关、单位应当依法对密品的研制、生产、试验、运输、使用、保存、维修、销毁等进行管理。

机关、单位应当及时确定密品的密级和保密期限,严格控制密品的接触范围,对放置密品的场所、部位采取安全保密防范措施。

绝密级密品的研制、生产、维修应当在符合国家保密规定的封闭场所进行,并设置专门放置、保存场所。

密品的零件、部件、组件等物品,涉及国家秘密的,按照国家保密规定管理。

第三十一条　机关、单位应当依法确定保密要害部门、部位,报同级保密行政管理部门确认,严格保密管理。

第三十二条　涉密信息系统按照涉密程度分为绝密级、机密级、秘密级。机关、单位应当根据涉密信息系统存储、处理信息的最高密级确定保护等级,按照分级保护要求采取相应的安全保密防护措施。

第三十三条　涉密信息系统应当由国家保密行政管理部门设立或者授权的机构进行检测评估,并经设区的市级以上保密行政管理部门审查合格,方可投入使用。

公安机关、国家安全机关的涉密信息系统测评审查工作按照国家保密行政管理部门会同国务院公安、国家安全部门制定的有关规定执行。

第三十四条　机关、单位应当加强信息系统、信息设备的运行维护、使用管理,指定专门机构或者人员负责运行维护、安全保密管理和安全审计,按照国家保密规定建设保密自监管设施,定期开展安全保密检查和风险评估,配合保密行政管理部门排查预警事件,及时发现并处置安全保密风险隐患。

第三十五条　机关、单位应当按照国家保密规定,对绝密级信息系统每年至少开展一次安全保密风险评估,对机密级及以下信息系统每两年至少开展一次安全保密风险评估。机关、单位涉密信息系统的密级、使用范围和使用环境等发生变化可能产生新的安全保密风险隐患的,应当按照国家保密规定和标准采取相应防护措施,并开展安全保密风险评估。

涉密信息系统中使用的信息设备应当安全可靠,以无线方式接入涉密信息系统的,应当符合国家保密和密码管理规定、标准。

涉密信息系统不再使用的,应当按照国家保密规定和标准对相关保密设施、设备进行处理,并及时向相关保密行政管理部门备案。

第三十六条　研制、生产、采购、配备用于保护国家秘密的安全保密产品和保密技术装备应当符合国家保密规定和标准。

国家鼓励研制生产单位根据保密工作需要,采用新技术、新方法、新工艺等创新安全保密产品和保密技术装备。

第三十七条　研制生产单位应当为用于保护国家秘密的安全保密产品和保密技术装备持续提供维修维护服务,建立漏洞、缺陷发现和处理机制,不得在安全保密产品和保密技术装备中设置恶意程序。

研制生产单位可以向国家保密行政管理部门设立或者授权的机构申请对安全保密产品和保密技术装备进行检测,检测合格的,上述机构颁发合格证书。研制生产单位生产的安全保密产品和保密技术装备应当与送检样品一致。

第三十八条　国家保密行政管理部门组织其设立或者授权的机构开展用于保护国家秘密的安全保密产品和保密技术装备抽检、复检,发现不符合国家保密规定和标准的,应当责令整改;存在重大缺陷或者重大泄密隐患的,应当责令采取停止销售、召回产品等补救措施,相关单位应当配合。

第三十九条　网络运营者应当遵守保密法律法规和国家有关规定,建立保密违法行为投诉、举报、发现、处置制度,完善受理和处理工作机制,制定泄密应急预案。发生泄密事件时,网络运营者应当立即启动应急预案,采取补救措施,并向保密行政管理部门或者公安机关、国家安全机关报告。

第四十条　网络运营者对保密行政管理部门依法实施的保密违法案件调查和预警事件排查,应当予以配合。

省级以上保密行政管理部门在履行保密监督管理职责中,发现网络存在较大泄密隐患或者发生泄密事件的,可以按照规定权限和程序对该网络运营者的法定代表人或者主要负责人进行约谈,督促其及时整改,消除隐患。

第四十一条　机关、单位应当加强对互联网使用的保密管理。机关、单位工作人员使用智能终端产品等应当符合国家保密规定,不得违反有关规定使用非涉密信息系统、信息设备存储、处理、传输国家秘密。

第四十二条　机关、单位应当健全信息公开保密审查工作机制,明确审查机构,规范审查程序,按照先审查、后公开的原则,对拟公开的信息逐项进行保密审查。

第四十三条　机关、单位应当承担涉密数据安全保护责任,涉密数据收集、存储、使用、加工、传输、提供等处理活动应当符合国家保密规定。

省级以上保密行政管理部门应当会同有关部门建立动态监测、综合评估等安全保密防控机制,指导机关、单位落实安全保密防控措施,防范数据汇聚、关联引发的泄密风险。

机关、单位应当对汇聚、关联后属于国家秘密事项的数据依法加强安全管理,落实安全保密防控措施。

第四十四条　机关、单位向境外或者向境外在中国境内设立的组织、机构提供国家秘密,任用、聘用的境外人员因工作需要知悉国家秘密的,应当按照国家保密规定办理,进行审查评估,签订保密协议,督促落实保密管理要求。

第四十五条　举办会议或者其他活动涉及国家秘密的,主办单位应当采取下列保密措施,承办、参加单位和人员应当配合:

(一)根据会议、活动的内容确定密级,制定保密方案,限定参加人员和工作人员范围;

(二)使用符合国家保密规定和标准的场所、设施、设备,采取必要保密技术防护等措施;

(三)按照国家保密规定管理国家秘密载体;

(四)对参加人员和工作人员进行身份核实和保密教育,提出具体保密要求;

(五)保密法律法规和国家保密规定要求的其他措施。

通过电视、电话、网络等方式举办会议或者其他活动涉及国家秘密的,还应当符合国家有关保密标准。

第四十六条　保密行政管理部门及其他主管部门应当加强对涉密军事设施及其他重要涉密单位周边区域保密管理工作的指导和监督,建立协调机制,加强军地协作,组织督促整改,有关机关、单位应当配合,及时发现并消除安全保密风险隐患。

第四十七条　从事涉及国家秘密业务(以下简称涉密业务)的企业事业单位应当符合下列条件:

(一)在中华人民共和国境内依法成立1年以上的法人,国家另有规定的从其规定;

(二)无犯罪记录,近1年内未发生泄密案件;

(三)从事涉密业务的人员具有中华人民共和国国籍,国家另有规定的从其规定;

(四)保密制度完善,有专门的机构或者人员负责保密工作;

(五)用于涉密业务的场所、设施、设备符合国家保密规定和标准;

(六)具有从事涉密业务的专业能力;

(七)保密法律法规和国家保密规定要求的其他条件。

第四十八条　从事国家秘密载体制作、复制、维修、销毁,涉密信息系统集成,武器装备科研生产,或者涉密军事设施建设等涉密业务的企业事业单位,应当由保密行政管理部门单独或者会同有关部门进行保密审查,取得保密资质。

取得保密资质的企业事业单位,不得有下列行为:

(一)超出保密资质业务种类范围承担其他需要取得保密资质的业务;

(二)变造、出卖、出租、出借保密资质证书;

(三)将涉密业务转包给其他单位或者分包给无相应保密资质的单位;

(四)其他违反保密法律法规和国家保密规定的行为。

取得保密资质的企业事业单位实行年度自检制度,应当每年向作出准予行政许可决定的保密行政管理部门报送上一年度自检报告。

第四十九条 机关、单位采购涉及国家秘密的工程、货物、服务,或者委托企业事业单位从事涉密业务,应当根据国家保密规定确定密级,并符合国家保密规定和标准。机关、单位应当与有关单位、个人签订保密协议,提出保密要求,采取保密措施,实施全过程管理。

机关、单位采购或者委托企业事业单位从事本条例第四十八条第一款规定的涉密业务的,应当核验承担单位的保密资质。采购或者委托企业事业单位从事其他涉密业务的,应当核查参与单位的业务能力和保密管理能力。

政府采购监督管理部门、保密行政管理部门应当依法加强对涉及国家秘密的工程、货物、服务采购或者其他委托开展涉密业务的监督管理。

第五十条 机关、单位应当依法确定涉密岗位,对拟任用、聘用到涉密岗位工作的人员进行上岗前保密审查,确认其是否具备在涉密岗位工作的条件和能力。未通过保密审查的,不得任用、聘用到涉密岗位工作。

机关、单位组织人事部门负责组织实施保密审查时,拟任用、聘用到涉密岗位工作的人员应当如实提供有关情况;需要其原工作、学习单位以及居住地有关部门和人员配合的,相关单位、部门和人员应当配合。必要时,公安机关、国家安全机关依申请协助审查。

机关、单位组织人事部门应当定期组织复审,确保涉密人员符合涉密岗位工作要求。

第五十一条 涉密人员应当遵守保密法律法规和本机关、本单位保密制度,严格遵守保密纪律、履行保密承诺,接受保密管理,不得以任何方式泄露国家秘密。

第五十二条 机关、单位组织人事部门会同保密工作机构负责涉密人员保密管理工作。机关、单位保密工作机构应当对涉密人员履行保密责任情况开展经常性的监督检查,会同组织人事部门加强保密教育培训。

涉密人员出境,由机关、单位组织人事部门和保密工作机构提出意见,按照人事、外事审批权限审批。涉密人员出境应当经过保密教育培训,及时报告在境外相关情况。

第五十三条 涉密人员离岗离职应当遵守有关法律法规规定;离岗

离职前,应当接受保密提醒谈话,签订离岗离职保密承诺书。机关、单位应当开展保密教育提醒,清退国家秘密载体、涉密设备,取消涉密信息系统访问权限,确定脱密期期限。涉密人员在脱密期内就业、出境应当遵守国家保密规定。涉密人员不得利用知悉的国家秘密为有关组织、个人提供服务或者谋取利益。

第五十四条 涉密人员擅自离职或者脱密期内严重违反国家保密规定的,机关、单位应当及时报告同级保密行政管理部门,由保密行政管理部门会同有关部门依法采取处置措施。

第五十五条 机关、单位应当建立健全涉密人员权益保障制度,按照国家有关规定给予因履行保密义务导致合法权益受到影响和限制的人员相应待遇或者补偿。

第四章 监督管理

第五十六条 机关、单位应当向同级保密行政管理部门报送本机关、本单位年度保密工作情况。下级保密行政管理部门应当向上级保密行政管理部门报送本行政区域年度保密工作情况。

第五十七条 国家建立和完善保密标准体系。国家保密行政管理部门依照法律、行政法规的规定制定国家保密标准;相关学会、协会等社会团体可以制定团体标准;相关企业可以制定企业标准。

第五十八条 机关、单位应当对遵守保密法律法规和相关制度情况开展自查自评。保密行政管理部门依法对下列情况进行检查:

(一)保密工作责任制落实情况;
(二)保密制度建设情况;
(三)保密宣传教育培训情况;
(四)涉密人员保密管理情况;
(五)国家秘密确定、变更、解除情况;
(六)国家秘密载体管理情况;
(七)信息系统和信息设备保密管理情况;
(八)互联网使用保密管理情况;

（九）涉密场所及保密要害部门、部位管理情况；

（十）采购涉及国家秘密的工程、货物、服务，或者委托企业事业单位从事涉密业务管理情况；

（十一）涉及国家秘密会议、活动管理情况；

（十二）信息公开保密审查情况；

（十三）其他遵守保密法律法规和相关制度的情况。

第五十九条　保密行政管理部门依法开展保密检查和案件调查处理，查阅有关材料、询问人员、记录情况，对有关设施、设备、文件资料等登记保存，进行保密技术检测，应当遵守国家有关规定和程序。

有关机关、单位和个人应当配合保密行政管理部门依法履行职责，如实反映情况，提供必要资料，不得弄虚作假、隐匿、销毁证据，或者以其他方式逃避、妨碍保密监督管理。

保密行政管理部门实施保密检查后，应当出具检查意见，对需要整改的，应当明确整改内容和期限，并在一定范围内通报检查结果。

第六十条　保密行政管理部门对涉嫌保密违法的线索和案件，应当依法及时调查处理或者组织、督促有关机关、单位调查处理；发现需要采取补救措施的，应当立即责令有关机关、单位和人员停止违法行为，采取有效补救措施。调查工作结束后，有违反保密法律法规的事实，需要追究责任的，保密行政管理部门应当依法作出行政处罚决定或者提出处理建议；涉嫌犯罪的，应当依法移送监察机关、司法机关处理。有关机关、单位应当及时将处理结果书面告知同级保密行政管理部门。

第六十一条　机关、单位发现国家秘密已经泄露或者可能泄露的，应当立即采取补救措施，并在24小时内向同级保密行政管理部门和上级主管部门报告。

地方各级保密行政管理部门接到泄密报告的，应当在24小时内逐级报至国家保密行政管理部门。

保密行政管理部门依法受理公民对涉嫌保密违法线索的举报，并保护举报人的合法权益。

第六十二条　保密行政管理部门收缴非法获取、持有的国家秘密载体，应当进行登记并出具清单，查清密级、数量、来源、扩散范围等，并采取相应的保密措施。

保密行政管理部门可以提请公安、市场监督管理等有关部门协助收缴非法获取、持有的国家秘密载体,有关部门应当予以配合。

第六十三条　办理涉嫌泄密案件的地方各级监察机关、司法机关申请国家秘密和情报鉴定的,向所在省、自治区、直辖市保密行政管理部门提出;办理涉嫌泄密案件的中央一级监察机关、司法机关申请国家秘密和情报鉴定的,向国家保密行政管理部门提出。

国家秘密和情报鉴定应当根据保密法律法规和保密事项范围等进行。保密行政管理部门受理鉴定申请后,应当自受理之日起30日内出具鉴定结论;不能按期出具的,经保密行政管理部门负责人批准,可以延长30日。专家咨询等时间不计入鉴定办理期限。

第六十四条　设区的市级以上保密行政管理部门应当建立监测预警制度,分析研判保密工作有关情况,配备监测预警设施和相应工作力量,发现、识别、处置安全保密风险隐患,及时发出预警通报。

第六十五条　保密行政管理部门和其他相关部门应当在保密工作中加强协调配合,及时通报情况。

第六十六条　保密行政管理部门及其工作人员应当按照法定的职权和程序开展工作,做到严格规范公正文明执法,依法接受监督。

第五章　法　律　责　任

第六十七条　机关、单位违反保密法律法规发生泄密案件,有下列情形之一的,根据情节轻重,对直接负责的主管人员和其他直接责任人员依法给予处分;构成犯罪的,依法追究刑事责任:

(一)未落实保密工作责任制的;

(二)未依法确定、变更或者解除国家秘密的;

(三)未按照要求对涉密场所以及保密要害部门、部位进行防护或者管理的;

(四)涉密信息系统未按照规定进行测评审查而投入使用,经责令整改仍不改正的;

（五）未经保密审查或者保密审查不严，公开国家秘密的；

（六）委托不具备从事涉密业务条件的单位从事涉密业务的；

（七）违反涉密人员保密管理规定的；

（八）发生泄密案件未按照规定报告或者未及时采取补救措施的；

（九）未依法履行涉密数据安全管理责任的；

（十）其他违反保密法律法规的情形。

有前款情形尚不构成犯罪，且不适用处分的人员，由保密行政管理部门督促其主管部门予以处理。

第六十八条　在保密检查或者保密违法案件调查处理中，有关机关、单位及其工作人员拒不配合，弄虚作假、隐匿、销毁证据，或者以其他方式逃避、妨碍保密检查或者保密违法案件调查处理的，对直接负责的主管人员和其他直接责任人员依法给予处分；不适用处分的人员，由保密行政管理部门督促其主管部门予以处理。

企业事业单位及其工作人员协助机关、单位逃避、妨碍保密检查或者保密违法案件调查处理的，由有关主管部门依法予以处罚。

第六十九条　网络运营者违反保密法律法规，有下列情形之一的，由保密行政管理等部门按照各自职责分工责令限期整改，给予警告或者通报批评；情节严重的，处5万元以上50万元以下罚款，对直接负责的主管人员和其他直接责任人员处1万元以上10万元以下罚款：

（一）发生泄密事件，未依法采取补救措施的；

（二）未依法配合保密行政管理部门实施保密违法案件调查、预警事件排查的。

第七十条　用于保护国家秘密的安全保密产品和保密技术装备不符合国家保密规定和标准，有下列情形之一的，由保密行政管理等部门对研制生产单位给予警告或者通报批评，责令有关检测机构取消合格证书；有违法所得的，没收违法所得：

（一）研制生产单位拒不整改或者整改后仍不符合国家保密规定和标准的；

（二）安全保密产品和保密技术装备存在重大缺陷或者重大泄密隐患的；

(三)造成国家秘密泄露的;

(四)其他严重危害国家秘密安全的。

第七十一条 从事涉密业务的企业事业单位违反保密法律法规及国家保密规定的,由保密行政管理部门责令限期整改,给予警告或者通报批评;有违法所得的,没收违法所得。

取得保密资质的企业事业单位,有下列情形之一的,并处暂停涉密业务、降低资质等级:

(一)超出保密资质业务种类范围承担其他需要取得保密资质业务的;

(二)未按照保密行政管理部门要求时限完成整改或者整改后仍不符合保密法律法规及国家保密规定的;

(三)其他违反保密法律法规及国家保密规定,存在重大泄密隐患的。

取得保密资质的企业事业单位,有下列情形之一的,并处吊销保密资质:

(一)变造、出卖、出租、出借保密资质证书的;

(二)将涉密业务转包给其他单位或者分包给无相应保密资质单位的;

(三)发现国家秘密已经泄露或者可能泄露,未立即采取补救措施或者未按照规定时限报告的;

(四)拒绝、逃避、妨碍保密检查的;

(五)暂停涉密业务期间承接新的涉密业务的;

(六)暂停涉密业务期满仍不符合保密法律法规及国家保密规定的;

(七)发生重大泄密案件的;

(八)其他严重违反保密法律法规及国家保密规定行为的。

第七十二条 保密行政管理部门未依法履行职责,或者滥用职权、玩忽职守、徇私舞弊的,对直接负责的主管人员和其他直接责任人员依法给予处分;构成犯罪的,依法追究刑事责任。

第六章 附 则

第七十三条 中央国家机关应当结合工作实际制定本行业、本领域工作秘密事项具体范围,报国家保密行政管理部门备案。

机关、单位应当加强本机关、本单位工作秘密管理,采取技术防护、自监管等保护措施。违反有关规定造成工作秘密泄露,情节严重的,对直接负责的主管人员和其他直接责任人员依法给予处分。

第七十四条 本条例自2024年9月1日起施行。

国家秘密定密管理暂行规定

(2014年3月9日国家保密局令2014年第1号公布
自公布之日起施行)

第一章 总 则

第一条 为加强国家秘密定密管理,规范定密行为,根据《中华人民共和国保守国家秘密法》(以下简称保密法)及其实施条例,制定本规定。

第二条 本规定所称定密,是指国家机关和涉及国家秘密的单位(以下简称机关、单位)依法确定、变更和解除国家秘密的活动。

第三条 机关、单位定密以及定密责任人的确定、定密授权和定密监督等工作,适用本规定。

第四条 机关、单位定密应当坚持最小化、精准化原则,做到权责明确、依据充分、程序规范、及时准确,既确保国家秘密安全,又便利信息资源合理利用。

第五条 机关、单位应当依法开展定密工作,建立健全相关管理制度,定期组织培训和检查,接受保密行政管理部门和上级机关、单位或者业务主管部门的指导和监督。

第二章 定密授权

第六条 中央国家机关、省级机关以及设区的市、自治州一级的机关

（以下简称授权机关）可以根据工作需要或者机关、单位申请作出定密授权。

保密行政管理部门应当将授权机关名单在有关范围内公布。

第七条 中央国家机关可以在主管业务工作范围内作出授予绝密级、机密级和秘密级国家秘密定密权的决定。省级机关可以在主管业务工作范围内或者本行政区域内作出授予绝密级、机密级和秘密级国家秘密定密权的决定。设区的市、自治州一级的机关可以在主管业务工作范围内或者本行政区域内作出授予机密级和秘密级国家秘密定密权的决定。

定密授权不得超出授权机关的定密权限。被授权机关、单位不得再行授权。

第八条 授权机关根据工作需要，可以对承担本机关定密权限内的涉密科研、生产或者其他涉密任务的机关、单位，就具体事项作出定密授权。

第九条 没有定密权但经常产生国家秘密事项的机关、单位，或者虽有定密权但经常产生超出其定密权限的国家秘密事项的机关、单位，可以向授权机关申请定密授权。

机关、单位申请定密授权，应当向其上级业务主管部门提出；没有上级业务主管部门的，应当向其上级机关提出。

机关、单位申请定密授权，应当书面说明拟申请的定密权限、事项范围、授权期限以及申请依据和理由。

第十条 授权机关收到定密授权申请后，应当依照保密法律法规和国家秘密及其密级的具体范围（以下简称保密事项范围）进行审查。对符合授权条件的，应当作出定密授权决定；对不符合授权条件的，应当作出不予授权的决定。

定密授权决定应当以书面形式作出，明确被授权机关、单位的名称和具体定密权限、事项范围、授权期限。

第十一条 授权机关应当对被授权机关、单位行使所授定密权情况进行监督，对发现的问题及时纠正。

保密行政管理部门发现定密授权不当或者被授权机关、单位对所授定密权行使不当的,应当通知有关机关、单位纠正。

第十二条 被授权机关、单位不再经常产生授权范围内的国家秘密事项,或者因保密事项范围调整授权事项不再作为国家秘密的,授权机关应当及时撤销定密授权。

因保密事项范围调整授权事项密级发生变化的,授权机关应当重新作出定密授权。

第十三条 中央国家机关、省级机关作出的授权决定和撤销授权决定,报国家保密行政管理部门备案。设区的市、自治州一级的机关作出的授权决定和撤销授权决定,报省、自治区、直辖市保密行政管理部门备案。

机关、单位收到定密授权决定或者撤销定密授权决定后,应当报同级保密行政管理部门备案。

第三章　定密责任人

第十四条 机关、单位负责人为本机关、本单位的定密责任人,对定密工作负总责。

根据工作需要,机关、单位负责人可以指定本机关、本单位其他负责人、内设机构负责人或者其他工作人员为定密责任人,并明确相应的定密权限。

机关、单位指定的定密责任人应当熟悉涉密业务工作,符合在涉密岗位工作的基本条件。

第十五条 机关、单位应当在本机关、本单位内部公布定密责任人名单及其定密权限,并报同级保密行政管理部门备案。

第十六条 机关、单位定密责任人和承办人应当接受定密培训,熟悉定密职责和保密事项范围,掌握定密程序和方法。

第十七条 机关、单位负责人发现其指定的定密责任人未依法履行定密职责的,应当及时纠正;有下列情形之一的,应当作出调整:

(一)定密不当,情节严重的;

(二)因离岗离职无法继续履行定密职责的;

(三)保密行政管理部门建议调整的;

（四）因其他原因不宜从事定密工作的。

第四章　国家秘密确定

第十八条　机关、单位确定国家秘密应当依据保密事项范围进行。保密事项范围没有明确规定但属于保密法第九条、第十条规定情形的，应当确定为国家秘密。

第十九条　下列事项不得确定为国家秘密：
（一）需要社会公众广泛知晓或者参与的；
（二）属于工作秘密、商业秘密、个人隐私的；
（三）已经依法公开或者无法控制知悉范围的；
（四）法律、法规或者国家有关规定要求公开的。

第二十条　机关、单位对所产生的国家秘密事项有定密权的，应当依法确定密级、保密期限和知悉范围。没有定密权的，应当先行采取保密措施，并立即报请有定密权的上级机关、单位确定；没有上级机关、单位的，应当立即提请有相应定密权限的业务主管部门或者保密行政管理部门确定。

机关、单位执行上级机关、单位或者办理其他机关、单位已定密事项所产生的国家秘密事项，根据所执行或者办理的国家秘密事项确定密级、保密期限和知悉范围。

第二十一条　机关、单位确定国家秘密，应当依照法定程序进行并作出书面记录，注明承办人、定密责任人和定密依据。

第二十二条　国家秘密具体的保密期限一般应当以日、月或者年计；不能确定具体的保密期限的，应当确定解密时间或者解密条件。国家秘密的解密条件应当明确、具体、合法。

除保密事项范围有明确规定外，国家秘密的保密期限不得确定为长期。

第二十三条　国家秘密的知悉范围应当在国家秘密载体上标明。不能标明的，应当书面通知知悉范围内的机关、单位或者人员。

第二十四条　国家秘密一经确定，应当同时在国家秘密载体上作出国家秘密标志。国家秘密标志形式为"密级★保密期限"、"密级★解密时间"或者"密级★解密条件"。

在纸介质和电子文件国家秘密载体上作出国家秘密标志的,应当符合有关国家标准。没有国家标准的,应当标注在封面左上角或者标题下方的显著位置。光介质、电磁介质等国家秘密载体和属于国家秘密的设备、产品的国家秘密标志,应当标注在壳体及封面、外包装的显著位置。

国家秘密标志应当与载体不可分离,明显并易于识别。

无法作出或者不宜作出国家秘密标志的,确定该国家秘密的机关、单位应当书面通知知悉范围内的机关、单位或者人员。凡未标明保密期限或者解密条件,且未作书面通知的国家秘密事项,其保密期限按照绝密级事项三十年、机密级事项二十年、秘密级事项十年执行。

第二十五条　两个以上机关、单位共同产生的国家秘密事项,由主办该事项的机关、单位征求协办机关、单位意见后确定。

临时性工作机构的定密工作,由承担该机构日常工作的机关、单位负责。

第五章　国家秘密变更

第二十六条　有下列情形之一的,机关、单位应当对所确定国家秘密事项的密级、保密期限或者知悉范围及时作出变更:

(一)定密时所依据的法律法规或者保密事项范围发生变化的;

(二)泄露后对国家安全和利益的损害程度发生明显变化的。

必要时,上级机关、单位或者业务主管部门可以直接变更下级机关、单位确定的国家秘密事项的密级、保密期限或者知悉范围。

第二十七条　机关、单位认为需要延长所确定国家秘密事项保密期限的,应当在保密期限届满前作出决定;延长保密期限使累计保密期限超过保密事项范围规定的,应当报规定该保密事项范围的中央有关机关批准,中央有关机关应当在接到报告后三十日内作出决定。

第二十八条　国家秘密知悉范围内的机关、单位,其有关工作人员不在知悉范围内,但因工作需要知悉国家秘密的,应当经机关、单位负责人批准。

国家秘密知悉范围以外的机关、单位及其人员,因工作需要知悉国家秘密的,应当经原定密机关、单位同意。

原定密机关、单位对扩大知悉范围有明确规定的,应当遵守其规定。

扩大国家秘密知悉范围应当作出详细记录。

第二十九条 国家秘密变更按照国家秘密确定程序进行并作出书面记录。

国家秘密变更后,原定密机关、单位应当及时在原国家秘密标志附近重新作出国家秘密标志。

第三十条 机关、单位变更国家秘密的密级、保密期限或者知悉范围的,应当书面通知知悉范围内的机关、单位或者人员。有关机关、单位或者人员接到通知后,应当在国家秘密标志附近标明变更后的密级、保密期限和知悉范围。

延长保密期限的书面通知,应当于原定保密期限届满前送达知悉范围内的机关、单位或者人员。

第六章 国家秘密解除

第三十一条 机关、单位应当每年对所确定的国家秘密进行审核,有下列情形之一的,及时解密:

(一)保密法律法规或者保密事项范围调整后,不再属于国家秘密的;

(二)公开后不会损害国家安全和利益,不需要继续保密的。

机关、单位经解密审核,对本机关、本单位或者下级机关、单位尚在保密期限内的国家秘密事项决定公开的,正式公布即视为解密。

第三十二条 国家秘密的具体保密期限已满、解密时间已到或者符合解密条件的,自行解密。

第三十三条 保密事项范围明确规定保密期限为长期的国家秘密事项,机关、单位不得擅自解密;确需解密的,应当报规定该保密事项范围的中央有关机关批准,中央有关机关应当在接到报告后三十日内作出决定。

第三十四条 除自行解密的外,国家秘密解除应当按照国家秘密确定程序进行并作出书面记录。

国家秘密解除后,有关机关、单位或者人员应当及时在原国家秘密标志附近作出解密标志。

第三十五条 除自行解密和正式公布的外,机关、单位解除国家秘密,应当书面通知悉范围内的机关、单位或者人员。

第三十六条 机关、单位对所产生的国家秘密事项,解密之后需要公开的,应当依照信息公开程序进行保密审查。

机关、单位对已解密的不属于本机关、本单位产生的国家秘密事项,需要公开的,应当经原定密机关、单位同意。

机关、单位公开已解密的文件资料,不得保留国家秘密标志。对国家秘密标志以及属于敏感信息的内容,应当作删除、遮盖等处理。

第三十七条 机关、单位对拟移交各级国家档案馆的尚在保密期限内的国家秘密档案,应当进行解密审核,对本机关、本单位产生的符合解密条件的档案,应当予以解密。

已依法移交各级国家档案馆的属于国家秘密的档案,其解密办法由国家保密行政管理部门会同国家档案行政管理部门另行制定。

第七章 定 密 监 督

第三十八条 机关、单位应当定期对本机关、本单位定密以及定密责任人履行职责、定密授权等定密制度落实情况进行检查,对发现的问题及时纠正。

第三十九条 机关、单位应当向同级保密行政管理部门报告本机关、本单位年度国家秘密事项统计情况。

下一级保密行政管理部门应当向上一级保密行政管理部门报告本行政区域年度定密工作情况。

第四十条 中央国家机关应当依法对本系统、本行业的定密工作进行指导和监督。

上级机关、单位或者业务主管部门发现下级机关、单位定密不当的,应当及时通知其纠正,也可以直接作出确定、变更或者解除的决定。

第四十一条　保密行政管理部门应当依法对机关、单位定密工作进行指导、监督和检查,对发现的问题及时纠正或者责令整改。

第八章　法律责任

第四十二条　定密责任人和承办人违反本规定,有下列行为之一的,机关、单位应当及时纠正并进行批评教育;造成严重后果的,依纪依法给予处分:

(一)应当确定国家秘密而未确定的;

(二)不应当确定国家秘密而确定的;

(三)超出定密权限定密的;

(四)未按照法定程序定密的;

(五)未按规定标注国家秘密标志的;

(六)未按规定变更国家秘密的密级、保密期限、知悉范围的;

(七)未按要求开展解密审核的;

(八)不应当解除国家秘密而解除的;

(九)应当解除国家秘密而未解除的;

(十)违反本规定的其他行为。

第四十三条　机关、单位未依法履行定密管理职责,导致定密工作不能正常进行的,应当给予通报批评;造成严重后果的,应当依法追究直接负责的主管人员和其他直接责任人员的责任。

第九章　附　　则

第四十四条　本规定下列用语的含义:

(一)"中央国家机关"包括中国共产党中央机关及部门、各民主党派中央机关、全国人大机关、全国政协机关、最高人民法院、最高人民检察院,国务院及其组成部门、直属特设机构、直属机构、办事机构、直属事业单位、部委管理国家局,以及中央机构编制管理部门直接管理机构编制的群众团体机关;

(二)"省级机关"包括省(自治区、直辖市)党委、人大、政府、政协机关,以及人民法院、人民检察院;

(三)"设区的市和自治州一级的机关"包括地(市、州、盟、区)党委、人大、政府、政协机关,以及人民法院、人民检察院,省(自治区、直辖市)直属机关和人民团体,中央国家机关设在省(自治区、直辖市)的直属机构,省(自治区、直辖市)在地区、盟设立的派出机构;

(四)第九条所指"经常",是指近三年来年均产生六件以上国家秘密事项的情形。

第四十五条 各地区各部门可以依据本规定,制定本地区本部门国家秘密定密管理的具体办法。

第四十六条 公安、国家安全机关定密授权和定密责任人确定的具体办法,由国家保密行政管理部门会同国务院公安、国家安全部门另行制定。

第四十七条 本规定自公布之日起施行。1990年9月19日国家保密局令第2号发布的《国家秘密保密期限的规定》和1990年10月6日国家保密局、国家技术监督局令第3号发布的《国家秘密文件、资料和其他物品标志的规定》同时废止。

保密事项范围制定、修订和使用办法

(2017年3月9日国家保密局令2017年第1号公布
自2017年4月1日起施行)

第一章 总 则

第一条 为规范国家秘密及其密级的具体范围(以下简称保密事项范围)的制定、修订和使用工作,根据《中华人民共和国保守国家秘密法》

(以下简称保密法)及其实施条例,制定本办法。

第二条 保密事项范围由国家保密行政管理部门分别会同外交、公安、国家安全和其他中央有关机关制定、修订。

第三条 制定、修订保密事项范围应当从维护国家安全和利益出发,适应经济社会发展要求,以保密法确定的国家秘密基本范围为遵循,区分不同行业、领域,科学准确划定。

第四条 国家机关和涉及国家秘密的单位(以下简称机关、单位)应当严格依据保密事项范围,规范准确定密,不得比照类推、擅自扩大或者缩小国家秘密事项范围。

第五条 国家保密行政管理部门负责对保密事项范围制定、修订和使用工作进行指导监督。中央有关机关负责组织制定、修订本行业、本领域保密事项范围,并对使用工作进行指导监督。地方各级保密行政管理部门负责对本行政区域内机关、单位使用保密事项范围工作进行指导监督。

第二章 保密事项范围的形式、内容

第六条 保密事项范围名称为"××工作国家秘密范围的规定",包括正文和目录。

第七条 正文应当以条款形式规定保密事项范围的制定依据,本行业、本领域国家秘密的基本范围,与其他保密事项范围的关系,解释机关和施行日期等内容。

第八条 目录作为规定的附件,名称为"××工作国家秘密目录",应当以表格形式列明国家秘密具体事项及其密级、保密期限(解密时间或者解密条件)、产生层级、知悉范围等内容。

第九条 目录规定的国家秘密事项的密级应当为确定的密级。除解密时间和解密条件外,目录规定的保密期限应当为最长保密期限。国家秘密事项的产生层级能够明确的,知悉范围能够限定到机关、单位或者具体岗位的,目录应当作出列举。

对专业性强、弹性较大的条目或者名词,目录应当以备注形式作出说明。

第十条 保密事项范围内容属于国家秘密的，应当根据保密法有关规定确定密级和保密期限。

未经保密事项范围制定机关同意，机关、单位不得擅自公开或者对外提供保密事项范围。

第三章 保密事项范围的制定、修订程序

第十一条 有下列情形的，中央有关机关应当与国家保密行政管理部门会商，组织制定或者修订保密事项范围：

（一）主管行业、领域经常产生国家秘密、尚未制定保密事项范围的；

（二）保密事项范围内容已不适应实际工作需要的；

（三）保密事项范围内容与法律法规规定不相符合的；

（四）因机构改革或者调整，影响保密事项范围适用的；

（五）其他应当制定或者修订的情形。

其他机关、单位认为有上述情形，需要制定、修订保密事项范围的，可以向国家保密行政管理部门或者中央有关机关提出建议。

第十二条 保密事项范围由主管相关行业、领域工作的中央有关机关负责起草；涉及多个部门或者行业、领域的，由承担主要职能的中央有关机关牵头负责起草；不得委托社会中介机构及其他社会组织或者个人起草。

国家保密行政管理部门、中央有关机关应当定期对起草工作进行研究会商。

第十三条 中央有关机关起草保密事项范围，应当进行调查研究，总结梳理本行业、本领域国家秘密事项，广泛征求有关机关、单位和相关领域专家意见。

第十四条 中央有关机关完成起草工作后，应当将保密事项范围送审稿送国家保密行政管理部门审核，同时提交下列材料：

（一）保密事项范围送审稿的说明；

（二）有关机关、单位或者相关领域专家的意见；

（三）其他有关材料，主要包括所在行业、领域国家秘密事项总结梳理情况等。

第十五条　国家保密行政管理部门对保密事项范围送审稿应当从以下方面进行审核：

（一）形式是否符合本办法规定；

（二）所列事项是否符合保密法关于国家秘密的规定；

（三）所列事项是否涵盖所在行业、领域国家秘密；

（四）所列事项是否属于法律法规要求公开或者其他不得确定为国家秘密的事项；

（五）所列事项表述是否准确、规范并具有可操作性；

（六）是否与其他保密事项范围协调、衔接；

（七）其他需要审核的内容。

国家保密行政管理部门可以组织有关专家对保密事项范围送审稿进行评议，听取意见。

第十六条　国家保密行政管理部门审核认为保密事项范围送审稿需要作出修改的，应当与中央有关机关会商议定；需要进一步征求意见的，应当征求有关机关、单位意见；无需修改的，应当会同中央有关机关形成保密事项范围草案和草案说明，并启动会签程序。

第十七条　保密事项范围应当由国家保密行政管理部门、中央有关机关主要负责人共同签署批准。

第十八条　保密事项范围使用中央有关机关的发文字号印发。印发时，应当严格控制发放范围，并注明能否转发以及转发范围。

第四章　保密事项范围的使用

第十九条　机关、单位定密应当符合保密事项范围目录的规定。

第二十条　机关、单位依据保密事项范围目录定密，应当遵循下列要求：

（一）密级应当严格按照目录的规定确定，不得高于或者低于规定的密级；

(二)保密期限应当在目录规定的最长保密期限内合理确定,不得超出最长保密期限;目录明确规定解密条件或解密时间的,从其规定;

(三)知悉范围应当依据目录的规定,根据工作需要限定到具体人员;不能限定到具体人员的,应当限定到具体单位、部门或者岗位。

第二十一条 机关、单位可以依据本行业、本领域和相关行业、领域保密事项范围目录,整理制定国家秘密事项一览表(细目),详细列举本机关、本单位产生的国家秘密事项的具体内容、密级、保密期限(解密条件或者解密时间)、产生部门或者岗位、知悉人员以及载体形式等。

国家秘密事项一览表(细目),应当经本机关、本单位审定后实施,并报同级保密行政管理部门备案。

第二十二条 机关、单位对符合保密法规定,但保密事项范围正文和目录没有规定的不明确事项,应当按照保密法实施条例第十九条的规定办理。

第二十三条 保密行政管理部门进行密级鉴定,需要适用保密事项范围的,应当以保密事项范围的目录作为依据;直接适用正文的,应当征求制定保密事项范围的中央有关机关意见。

第二十四条 中央有关机关应当加强对本行业、本领域保密事项范围使用的教育培训,确保所在行业、领域准确理解保密事项范围的内容、使用要求。

机关、单位应当将保密事项范围的学习、使用纳入定密培训内容,确保定密责任人和承办人熟悉并准确掌握相关保密事项范围内容,严格依据保密事项范围定密。

第二十五条 保密行政管理部门应当加强对机关、单位使用保密事项范围情况的监督检查,发现保密事项范围使用不当的,应当及时通知机关、单位予以纠正。

第五章 保密事项范围的解释、清理

第二十六条 有下列情形的,中央有关机关应当会同国家保密行政管理部门对保密事项范围作出书面解释:

（一）目录内容需要明确具体含义的；

（二）有关事项在目录中没有规定但符合正文规定情形，需要明确适用条件、适用范围的；

（三）不同保密事项范围对同类事项规定不一致的；

（四）其他需要作出解释的情形。

保密事项范围的解释和保密事项范围具有同等效力。

第二十七条 机关、单位认为保密事项范围存在本办法第二十六条规定情形的，可以建议保密事项范围制定机关作出解释。

第二十八条 保密事项范围的解释参照制定、修订程序作出。除涉及特殊国家秘密事项、需控制知悉范围的，应当按照保密事项范围印发范围发放。

第二十九条 国家保密行政管理部门、中央有关机关应当每五年对保密事项范围及其解释进行一次清理，也可以根据工作需要适时组织清理，并作出继续有效、进行修订、宣布废止等处理；对属于国家秘密的保密事项范围及其解释，应当同时作出是否解密的决定。

第三十条 保密事项范围部分内容宣布废止、失效或者由其他保密事项范围替代的，不影响该保密事项范围其他部分的效力。

第六章 附 则

第三十一条 本办法施行前制定实施的保密事项范围，没有目录的应当即行清理，清理之前的继续有效，有关事项的保密期限和知悉范围按照保密法有关规定确定。

第三十二条 本办法由国家保密局负责解释。

第三十三条 本办法自 2017 年 4 月 1 日起施行。

泄密案件查处办法

(2017年12月29日国家保密局令2017年第2号公布
自2018年1月1日起施行)

第一章 总 则

第一条 为保守国家秘密,维护国家安全和利益,规范和加强保密行政管理部门泄密案件查处工作,根据《中华人民共和国保守国家秘密法》(以下简称保密法)及其实施条例等法律法规,制定本办法。

第二条 保密行政管理部门对公民举报、机关和单位报告、保密检查发现、有关部门移送的涉嫌泄露国家秘密的案件线索,依法调查或者组织、督促有关机关、单位调查处理,适用本办法。

第三条 查处泄密案件,应当坚持教育和惩处相结合,以事实为依据,以法律为准绳,做到事实清楚,证据确实、充分,定性准确,程序合法,处理适当。

第四条 本办法所称"泄露国家秘密"是指违反保密法律、法规和规章的下列行为之一:

(一)使国家秘密被不应知悉者知悉的;

(二)使国家秘密超出了限定的接触范围,而不能证明未被不应知悉者知悉的。

第五条 存在下列情形之一的,按泄露国家秘密处理:

(一)属于国家秘密的文件资料或者其他物品下落不明的,自发现之日起,绝密级10日内、机密级、秘密级60日内查无下落的;

(二)未采取符合国家保密规定或者标准的保密措施,在互联网及其他公共信息网络、有线和无线通信中传递国家秘密的;

（三）使用连接互联网或者其他公共信息网络的计算机、移动存储介质等信息设备存储、处理国家秘密，且该信息设备被远程控制的。

第六条　泄密案件查处工作主要包括：

（一）查明所泄露的国家秘密事项的内容与密级；

（二）查明案件事实、主要情节和有关责任人员；

（三）要求有关机关、单位采取必要的补救措施；

（四）根据有关法律、法规和规章等对责任人员提出处理建议，并督促机关、单位作出处理；

（五）针对案件暴露出的问题，督促机关、单位加强和改进保密工作。

第七条　泄密案件查处实行分级办理、各负其责的工作制度。国家保密行政管理部门主管全国的泄密案件查处工作。地方各级保密行政管理部门在上级保密行政管理部门指导下，负责本行政区域的泄密案件查处工作。

有关机关、单位在保密行政管理部门的组织、督促、指导下，对泄密案件进行查处，并采取相应整改补救措施。

第八条　上级保密行政管理部门对下级保密行政管理部门，地方保密行政管理部门对本行政区域内机关、单位泄密案件查处工作进行指导、监督。发现查处不当的，应当及时予以纠正。

第九条　办案人员与案件有利害关系或者其他关系可能影响案件公正处理的，应当自行回避；案件当事人有权要求其回避。

办案人员的回避，由其所属保密行政管理部门决定。保密行政管理部门负责人的回避，由上一级保密行政管理部门决定。

第十条　保密行政管理部门及其办案人员对案件查处工作中获取的国家秘密、工作秘密、商业秘密及个人隐私，应当保密。

第二章　管　　辖

第十一条　泄密案件由泄密行为发生地县级以上保密行政管理部门管辖。由有关机关、单位所在地或者案件当事人居住地保密行政管理部门管辖更便于查处工作开展的，可以由有关机关、单位所在地或者案件当事人居住地保密行政管理部门管辖。

移交有关机关、单位所在地或者案件当事人居住地保密行政管理部门管辖的泄密案件，泄密行为发生地保密行政管理部门在移交前应当及时收集证据，并配合开展调查取证工作。

第十二条　国家保密行政管理部门依法调查或者组织、督促查处下列泄密案件：

（一）中央和国家机关发生的；

（二）涉及多个省（自治区、直辖市）的；

（三）全国范围内重大、复杂案件。

第十三条　省（自治区、直辖市）保密行政管理部门依法调查或者组织、督促查处下列泄密案件：

（一）省级机关及省（自治区、直辖市）直属机关发生的；

（二）涉及本行政区域内多个市（地、州、盟）或者部门的；

（三）中央和国家机关设在省（自治区、直辖市）的直属机构发生的；

（四）本辖区内重大、复杂案件。

第十四条　中央和国家机关认为本系统发生泄密案件的有关单位情况特殊，不宜由地方保密行政管理部门查处的，可以向国家保密行政管理部门提交书面材料说明理由，由国家保密行政管理部门决定。

第十五条　对于重大、复杂的泄密案件，上级保密行政管理部门可以指定管辖；具有管辖权的保密行政管理部门由于特殊原因不能调查或者组织、督促查处的，可以报请上一级保密行政管理部门指定管辖；同级保密行政管理部门之间因管辖权发生争议的，应当本着有利于开展查处工作的原则协商解决，必要时报请共同的上级保密行政管理部门指定管辖。

上级保密行政管理部门应当在接到指定管辖申请之日起7个工作日内，作出指定管辖决定，并书面通知被指定管辖的保密行政管理部门和其他有关保密行政管理部门。原受理案件的保密行政管理部门收到上级保密行政管理部门书面通知后，应当立即将案卷材料移送被指定管辖的保密行政管理部门，并书面通知有关机关、单位。

第十六条　保密行政管理部门发现案件不属于本部门管辖的，应当自发现之日起7个工作日内移送具有管辖权的保密行政管理部门或者其他部门。

接受移送的保密行政管理部门对管辖权有异议的,应当报请上一级保密行政管理部门指定管辖,不得再自行移送。

第三章 证 据

第十七条 可以用于证明案件事实的材料,都是证据。证据包括:

(一)物证;

(二)书证;

(三)证人证言;

(四)案件当事人陈述;

(五)视听资料、电子数据;

(六)保密检查、勘验笔录、技术核查报告;

(七)密级鉴定书。

第十八条 保密行政管理部门在案件调查过程中,应当合法、及时、客观、全面地收集、调取证据材料,并予以审查、核实。

第十九条 收集、调取的物证应当是原物。在原物不便搬运、不易保存,依法应当由有关机关、单位保管、处理或者依法应当返还时,可以拍摄或者制作足以反映原物外形或者内容的照片、录像。物证的照片、录像,经与原物核实无误或者经鉴定证明为真实的,可以作为证据使用。

第二十条 收集、调取的书证应当是原件。在取得原件确有困难时,可以使用副本或者复制件。

书证的副本、复制件,经与原件核实无误的,可以作为证据使用。书证有更改或者更改迹象不能作出合理解释的,或者书证的副本、复制件不能反映书证原件及其内容的,不能作为证据使用。

第二十一条 办案人员应当收集电子数据的原始载体。收集原始载体确有困难时,可以拷贝复制或者进行镜像备份。

第二十二条 书证的副本、复制件,视听资料、电子数据的复制件,物证的照片、录像,应当附原件、原物存放处的文字说明。

第四章 受 理

第二十三条 保密行政管理部门对公民举报、机关和单位报告、保密检查发现、有关部门移送的涉嫌泄露国家秘密的案件线索,应当依法及时受理。

第二十四条 保密行政管理部门受理涉嫌泄露国家秘密的案件线索举报,举报人不愿意公开个人或者单位信息的,应当在受理登记时注明,并为其保密。

保密行政管理部门应当对举报人提供的有关证据材料、物品等进行登记,出具接收清单,并妥善保管;必要时,可以拍照、录音或者录像。

第二十五条 保密行政管理部门受理涉嫌泄露国家秘密的案件线索,应当分别作出处理:

(一)已经或者可能泄露国家秘密的,应当进行初查;

(二)经核实,存在违反保密法律法规行为,但情节显著轻微,没有造成危害后果的,可以责成有关机关、单位对责任人员进行批评教育;

(三)没有泄密事实或者案件线索无法核实的,不予处理。

第二十六条 保密行政管理部门受理涉嫌泄露国家秘密的案件线索,发现需要采取补救措施的,应当立即责令有关机关、单位和人员停止违法行为,采取有效措施,防止泄密范围扩大。

第五章 初查与立案

第二十七条 保密行政管理部门在决定是否立案前,应当对涉嫌泄露国家秘密的案件线索进行初查,了解是否存在泄密事实。初查内容包括:

(一)案件线索涉及人员的主体身份及基本情况;

(二)案件线索所反映的问题是否属实,是否造成国家秘密泄露,是否达到刑事立案标准。

第二十八条 初查结束后,应当形成初查情况报告,内容包括案件线索情况、初查情况和处理建议。

第二十九条 保密行政管理部门应当根据初查情况分别作出处理：

（一）确有泄露国家秘密事实，且已经达到刑事立案标准的，应当移送有关部门查处；

（二）确有泄露国家秘密事实，尚未达到刑事立案标准，且具有管辖权的，应当予以立案，不具有管辖权的，应当移交具有管辖权的保密行政管理部门处理；

（三）确有泄露国家秘密事实，但案件线索内容不全或者有误，通知案件线索移送部门或者举报人、报告人补充，经补充案件线索内容仍不具备查处条件的，暂不予以立案，有关材料存档备查；

（四）未造成国家秘密泄露，但存在违反保密法律法规事实的，应当督促、指导有关机关、单位进行调查处理，必要时保密行政管理部门可以直接调查；

（五）未违反保密法律法规，但存在其他涉嫌违法或者违纪事实的，移交有关职能部门处理；

（六）案件线索反映的情况失实的，不予处理，必要时可以向有关机关、单位和案件当事人说明情况。

第三十条 初查时限为2个月，必要时可以延长1个月。重大、复杂的案件线索，在延长期内仍不能初查完毕的，经保密行政管理部门负责人批准后可以延长。

初查时限自接到案件线索之日算起，至呈报初查情况报告之日止。

第三十一条 经初查应当予以立案的，办案人员应当填报立案表，并附案件线索材料、初查情况报告，报请保密行政管理部门负责人审批。

第三十二条 保密行政管理部门在立案后，应当制作立案通知书，通知有关机关、单位；通知立案可能影响案件查处工作的，可以直接通知其上级主管部门。

第六章 调查与处理

第三十三条 案件立案后，保密行政管理部门应当指派2名以上办案人员进行调查或者指导、督促有关机关、单位进行调查。

对于重大、复杂案件,保密行政管理部门可以组织相关部门成立专案组,开展案件调查。

第三十四条 案件调查内容包括:

(一)案件当事人的基本情况;

(二)案件当事人是否实施违反保密法律法规行为;

(三)实施违反保密法律法规行为的时间、地点、手段、后果以及其他情节;

(四)有无法定从重、从轻、减轻或者免予处理的情形;

(五)与案件有关的其他事实。

第三十五条 保密行政管理部门直接调查、检查时,办案人员不得少于2人,并应当出示证件,表明身份。

第三十六条 机关、单位应当积极配合案件调查工作,提供相关证据。

机关、单位应当对案件当事人出国(境)进行审查,可能影响案件查处的,不得批准其出国(境)。

第三十七条 案件当事人应当自觉接受、配合调查,如实说明情况;不得与同案人或者知情人串通情况,不得对抗调查;不得将案件查处情况告知他人。

第三十八条 办案人员在案件调查过程中可以询问案件当事人、证人或者其他案件关系人,并制作询问笔录。询问应当个别进行。

第三十九条 询问内容应当包括:

(一)被询问人的基本情况;

(二)被询问人与案件当事人或者与案件的联系;

(三)证明案件当事人是否负有责任以及责任轻重的事实;

(四)所证明的事实发生的原因、时间、地点、手段、情节等;

(五)其他与案件有关的内容。

第四十条 询问笔录应当采取问答式,如实对办案人员的提问和被询问人的回答进行记录。记录被询问人的陈述应当详细具体,忠于原意。对于被询问人声明记忆不清的情节,笔录中应当如实反映。

询问笔录应当交被询问人核对,对没有阅读能力的,应当向其宣读。记录有误或者遗漏的,应当允许被询问人更正或者补充。被询问人确认笔录无误后,应当在询问笔录上逐页签名。拒绝签名的,询问人员应当在询问笔录中注明。

询问时,可以全程录音、录像,并保持录音、录像资料的完整性。

第四十一条 案件当事人、证人或者其他案件关系人请求自行提供书面材料的,应当准许。必要时,办案人员也可以要求案件当事人、证人或者其他案件关系人自行书写。

案件当事人、证人或者其他案件关系人应当在其提供的书面材料结尾处签名。打印的书面材料应当逐页签名。办案人员收到书面材料后,应当在首页注明收到日期,并签名。

第四十二条 询问案件当事人时,办案人员应当听取案件当事人的陈述和申辩。对其陈述和申辩,应当进行核查。

第四十三条 办案人员在案件调查过程中可以查阅、复制与案件有关的文件资料、会议记录、工作笔记等材料,查阅、了解案件当事人的身份信息、现实表现情况等信息,有关机关、单位和个人应当予以配合。

第四十四条 办案人员在案件调查过程中可以对与泄密案件有关的场所、物品进行检查。检查时,被检查人或者见证人应当在场。

办案人员可以根据检查情况制作检查笔录。检查笔录由办案人员、被检查人或者见证人签名;被检查人或者见证人不在场、拒绝签名的,办案人员应当在检查笔录中注明。

第四十五条 在案件调查过程中对国家秘密载体或者相关设施、设备、文件资料等登记保存,依照《中华人民共和国行政强制法》相关规定进行。办案人员应当会同持有人或者见证人查点清楚,当场开列登记保存清单一式二份,写明登记保存对象的名称、规格、数量、特征、登记保存地点等,由办案人员和持有人或者见证人签名后,各执一份。

对于登记保存在有关机关、单位的设施、设备,应当采取足以防止有关证据灭失或者转移的措施。

第四十六条 对涉及计算机、移动存储介质等信息设备的泄密案件,保密行政管理部门可以组织或者委托具有技术核查取证职能的部门或者单位进行技术核查取证。

第四十七条 案件调查过程中,需要对有关事项是否属于国家秘密以及属于何种密级进行鉴定的,应当及时提请具有密级鉴定权的保密行政管理部门鉴定。

第四十八条 案件调查过程中,保密行政管理部门发现有关机关、单位存在泄密隐患的,应当立即要求其采取措施,限期整改;对存在泄密隐患的设施、设备、场所,依法责令停止使用。

第四十九条 经调查,证据不足无法认定存在泄密事实的,经保密行政管理部门负责人批准,应当作出撤销案件的决定。撤销案件的决定应当及时书面通知有关机关、单位。

第五十条 经调查,保密行政管理部门认为案件当事人实施的违反保密法律法规行为涉嫌构成犯罪的,应当连同案件材料及时移送有关部门查处。

第五十一条 调查结束后,保密行政管理部门认为存在泄密事实,需要追究责任的,应当向有关机关、单位提出人员处理建议。有关机关、单位应当及时将处理结果书面告知同级保密行政管理部门。

有关机关、单位对责任人员不依法给予处分的,保密行政管理部门应当依法建议纠正。对拒不纠正的,保密行政管理部门应当依法提请其上一级机关或者监察机关对该机关、单位负有责任的领导人员和直接责任人员依法予以处理。

第五十二条 保密行政管理部门应当针对案件暴露出的问题,督促有关机关、单位采取整改措施,加强和改进保密工作。

机关、单位应当在规定时限内将整改情况书面报送保密行政管理部门。保密行政管理部门可以对机关、单位的整改情况进行复查。

第七章 结 案

第五十三条 泄密案件调查终结应当具备下列条件:
(一)泄露国家秘密的事实已经调查清楚;
(二)已经采取必要的补救措施;

（三）已经对案件相关责任人员作出处理，或者移送有关部门查处；

（四）有关机关、单位已经采取整改措施。

第五十四条 办案人员在案件调查处理工作完成后，应当提交结案报告，经立案的保密行政管理部门负责人批准后结案。结案报告应当包括以下内容：

（一）泄密案件的发生、发现经过；

（二）案件涉及国家秘密的密级、数量、载体形式以及概要内容；

（三）泄密案件已经或者可能造成的危害；

（四）案件发生的主要原因；

（五）已经采取的补救措施；

（六）责任人员处理情况；

（七）有关机关、单位整改情况；

（八）其他需要说明的情况。

第五十五条 泄密案件查处时限为3个月，自立案之日起3个月未能查结的，经查处泄密案件的保密行政管理部门负责人批准可延长1个月。

在延长期内仍不能查结的，查处泄密案件的保密行政管理部门应当向上一级保密行政管理部门说明原因，逾期未说明原因或者理由不充分的，上一级保密行政管理部门应当予以检查、督促。

第八章　配合机制

第五十六条 省（自治区、直辖市）保密行政管理部门与中央和国家机关保密工作机构在泄密案件查处工作中应当相互配合。

设区的市、自治州一级及以下地方保密行政管理部门需要中央和国家机关保密工作机构配合工作的，应当报请所属省（自治区、直辖市）保密行政管理部门协调。

第五十七条 保密行政管理部门应当加强与同级纪检监察、网信、审判、检察、公安、国家安全等机关的协调配合，建立健全协调配合机制，共同做好泄密案件查处工作。

第五十八条　在泄密案件查处工作中需要军地双方配合的,军队相应保密工作部门和地方保密行政管理部门可以直接联系,相互之间应当支持配合。

第九章　法律责任

第五十九条　在泄密案件查处工作中,有关机关、单位及其工作人员拒不配合,弄虚作假,隐匿、销毁证据,以其他方式逃避、妨碍案件查处的,对直接负责的主管人员和其他直接责任人员依法给予处分。

企事业单位及其工作人员协助机关、单位逃避、妨碍案件查处的,由有关主管部门依法予以处罚。

第六十条　保密行政管理部门办理泄密案件,未依法履行职责,或者滥用职权、玩忽职守、徇私舞弊的,对直接负责的主管人员和其他直接责任人员依法给予处分;构成犯罪的,依法追究刑事责任。

第十章　附　　则

第六十一条　机关、单位工作人员实施保密法第四十八条规定的其他违法行为,保密行政管理部门可以参照本办法调查或者组织、督促机关、单位调查处理。

第六十二条　执行本办法所需要的文书式样,由国家保密行政管理部门统一制定。国家保密行政管理部门没有制定式样,执法工作中需要的其他文书,省(自治区、直辖市)保密行政管理部门可以自行制定式样。

第六十三条　本办法由国家保密局负责解释。

第六十四条　本办法自2018年1月1日起施行。国家保密局1992年11月20日印发的《泄密事件查处办法(试行)》同时废止。

国家秘密鉴定工作规定

(2021年7月30日国家保密局令2021年第1号公布
自2021年9月1日起施行)

第一章 总 则

第一条 为了规范国家秘密鉴定工作,根据《中华人民共和国保守国家秘密法》及其实施条例,制定本规定。

第二条 本规定所称国家秘密鉴定,是指保密行政管理部门对涉嫌泄露国家秘密案件中有关事项是否属于国家秘密以及属于何种密级进行鉴别和认定的活动。

第三条 国家秘密鉴定的申请、受理、办理、复核、监督等,适用本规定。

第四条 国家秘密鉴定应当遵循依法、客观、公正的原则,做到事实清楚、依据充分、程序规范、结论准确。

第五条 办理涉嫌泄露国家秘密案件的纪检监察、侦查、公诉、审判机关(以下统称办案机关)可以申请国家秘密鉴定。

国家保密行政管理部门、省(自治区、直辖市)保密行政管理部门负责国家秘密鉴定。

第六条 国家秘密鉴定应当以保密法律法规、保密事项范围和国家秘密确定、变更、解除文件为依据。

第七条 下列事项不得鉴定为国家秘密:

(一)需要公众广泛知晓或者参与的;

(二)属于工作秘密、商业秘密、个人隐私的;

(三)已经依法公开或者泄露前已经无法控制知悉范围的;

（四）法律、法规或者国家有关规定要求公开的；

（五）其他泄露后对国家安全和利益不会造成损害的。

第二章 申请和受理

第八条 中央一级办案机关申请国家秘密鉴定的，应当向国家保密行政管理部门提出。省级及以下办案机关申请国家秘密鉴定的，应当向所在地省（自治区、直辖市）保密行政管理部门提出。

国家保密行政管理部门可以根据工作需要，对省（自治区、直辖市）保密行政管理部门负责鉴定的重大、疑难、复杂事项直接进行鉴定。

第九条 办案机关申请国家秘密鉴定，应当提交下列材料：

（一）申请国家秘密鉴定的公文；

（二）需要进行国家秘密鉴定的事项（以下简称鉴定事项）及鉴定事项清单；

（三）进行国家秘密鉴定需要掌握的有关情况说明，包括案件基本情况、鉴定事项来源、泄露对象和时间、回避建议等。

第十条 申请国家秘密鉴定的公文应当以办案机关名义作出，说明认为相关事项涉嫌属于国家秘密的理由或者依据。

鉴定事项属于咨询意见、聊天记录、讯（询）问笔录、视听资料、电子数据、物品等的，办案机关应当进行筛查和梳理，明确其中涉嫌属于国家秘密、需要申请鉴定的具体内容。

鉴定事项不属于中文的，办案机关应当同时提供中文译本。保密行政管理部门就办案机关提供的中文译本进行鉴定。

第十一条 国家秘密鉴定申请有下列情形之一的，保密行政管理部门不予受理：

（一）申请机关和申请方式不符合本规定第五条、第八条要求的；

（二）办案机关已就同一鉴定事项申请国家秘密鉴定的；

（三）鉴定事项内容明显属于捏造的，或者无法核实真伪、来源的；

（四）未按本规定第九条、第十条提供材料，或者修改、补充后仍不符合要求的；

（五）其他不符合法律、法规、规章规定的情形。

第十二条 保密行政管理部门应当自收到申请国家秘密鉴定的公文之日起 5 日内，对相关材料进行审查，作出是否受理的决定，并告知办案机关。

经审查认为办案机关提交的材料存在瑕疵、不完整或者不能满足鉴定需要的，应当通知办案机关予以修改或者补充。审查受理时间自相关材料修改完成或者补齐之日起计算。

经审查决定不予受理的，应当说明理由并退还相关材料。

第十三条 办案机关不服不予受理决定的，可以在接到通知之日起 10 日内，向作出不予受理决定的保密行政管理部门提出书面异议，并按照本规定第九条、第十条规定提供相关材料。

保密行政管理部门应当在 10 日内，对相关材料进行审查，对符合受理条件的，作出受理决定；对不应受理的，书面告知提出异议的机关并退还相关材料。

省级及以下办案机关提出异议后，对省（自治区、直辖市）保密行政管理部门再次作出的不予受理决定仍有异议的，可以向国家保密行政管理部门提出书面异议。国家保密行政管理部门经审查认为确实不应受理的，书面告知提出异议的机关并退还相关材料；对符合受理条件的，应当要求作出不予受理决定的保密行政管理部门受理鉴定申请。

第三章 鉴定程序

第十四条 受理鉴定申请后，保密行政管理部门应当就下列情况向鉴定事项产生单位征求鉴定意见：

（一）鉴定事项是否由其产生，内容是否真实；

（二）鉴定事项是否已经按照法定程序确定、变更、解除国家秘密，及其时间、理由和依据；

（三）鉴定事项是否应当属于国家秘密及何种密级，是否应当变更或者解除国家秘密，及其理由和依据。

第十五条 存在鉴定事项产生单位不明确，涉及多个机关、单位以及行业、领域，或者有关单位鉴定意见不明确、理由和依据不充分等情形的，保密行政管理部门可以向有关业务主管部门或者相关机关、单位征求鉴定意见。

鉴定事项属于执行、办理已经确定的国家秘密事项的，受理鉴定的保密行政管理部门可以根据工作需要，向原定密单位或者有关业务主管部门征求鉴定意见。

第十六条　国家保密行政管理部门受理鉴定后，对属于地方各级机关、单位产生的鉴定事项，可以征求鉴定事项产生地省（自治区、直辖市）保密行政管理部门鉴定意见。

省（自治区、直辖市）保密行政管理部门受理鉴定后，对属于中央和国家机关产生的鉴定事项，应当直接征求该中央和国家机关鉴定意见；对属于其他地方机关、单位产生的鉴定事项，应当征求相关省（自治区、直辖市）保密行政管理部门鉴定意见。

第十七条　保密行政管理部门征求机关、单位鉴定意见的，机关、单位应当予以配合，按照要求及时提出鉴定意见或者提供相关材料。

第十八条　鉴定事项重大、疑难、复杂或者专业性强、涉及专门技术等问题的，保密行政管理部门可以向相关领域专家进行咨询，为作出国家秘密鉴定结论提供参考。

第十九条　对拟鉴定为国家秘密的事项，保密行政管理部门可以根据工作需要，组织有关机关、单位或者专家对其泄露后已经或者可能造成的危害进行评估。

第二十条　国家秘密鉴定结论应当按照保密法律法规和保密事项范围等鉴定依据，在分析研判有关意见基础上，报保密行政管理部门负责人审批后作出。

第二十一条　省（自治区、直辖市）保密行政管理部门对中央和国家机关、其他省（自治区、直辖市）保密行政管理部门答复的鉴定意见有异议的，或者认为本地区产生的绝密级事项鉴定依据不明确、有争议的，报国家保密行政管理部门审核后，作出鉴定结论。

第二十二条　保密行政管理部门作出鉴定结论应当出具国家秘密鉴定书。国家秘密鉴定书应当包括以下内容：

（一）鉴定事项名称或者内容；
（二）鉴定依据和鉴定结论；
（三）其他需要说明的情况；
（四）鉴定机关名称和鉴定日期。

国家秘密鉴定书应当加盖保密行政管理部门印章。

第二十三条 保密行政管理部门应当在受理国家秘密鉴定申请后30日内作出鉴定结论并出具国家秘密鉴定书。因鉴定事项疑难、复杂等不能按期出具国家秘密鉴定书的，经保密行政管理部门负责人批准，可以适当延长工作时限，延长时限最长不超过30日。

保密行政管理部门征求有关机关、单位鉴定意见，进行专家咨询时，应当明确答复期限，一般不超过15日；对鉴定事项数量较多、疑难、复杂等情况的，经双方协商，可以延长15日。

机关、单位提出鉴定意见，专家咨询等时间不计入保密行政管理部门国家秘密鉴定办理期限。

第四章 复 核

第二十四条 办案机关有明确理由或者证据证明保密行政管理部门作出的鉴定结论可能错误的，可以向国家保密行政管理部门申请复核。

第二十五条 办案机关申请复核的，应当提交申请复核的公文，说明申请复核的内容和理由，按照本规定第九条、第十条要求提供相关材料，并附需要进行复核的国家秘密鉴定书。

第二十六条 国家保密行政管理部门受理复核申请后，应当向作出鉴定结论的保密行政管理部门调阅鉴定档案、了解有关情况，对其鉴定程序是否规范、依据是否明确、理由是否充分、结论是否准确等进行审核，并根据需要征求有关机关、单位鉴定意见，进行专家咨询或者组织开展危害评估。

第二十七条 国家秘密鉴定复核结论应当按照保密法律法规和保密事项范围等鉴定依据，在分析研判原鉴定情况以及有关意见基础上，报国家保密行政管理部门主要负责人审批后作出。

国家保密行政管理部门的复核结论为最终结论。

第二十八条 国家保密行政管理部门作出复核结论应当出具国家秘密鉴定复核决定书。

国家秘密鉴定复核决定书维持原国家秘密鉴定结论的，应当说明依据或者理由；改变原国家秘密鉴定结论的，应当作出最终的鉴定结论并说明依据或者理由。

国家秘密鉴定复核决定书应当以国家保密行政管理部门名义作出，并加盖印章，抄送作出原国家秘密鉴定结论的省（自治区、直辖市）保密行政管理部门。

第二十九条 国家保密行政管理部门应当在受理国家秘密鉴定复核申请后60日内作出复核结论并出具复核决定书。因鉴定事项疑难、复杂等不能按期出具国家秘密鉴定复核决定书的，经国家保密行政管理部门主要负责人批准，可以适当延长工作时限，延长时限最长不超过30日。

征求机关、单位鉴定意见，专家咨询时限按照本规定第二十三条第二、三款办理。

第五章　监督管理

第三十条 国家秘密鉴定工作人员与案件有利害关系或者其他关系可能影响公正鉴定的，应当自行回避；办案机关发现上述情形的，有权申请其回避。国家秘密鉴定工作人员的回避，由其所属保密行政管理部门决定。

机关、单位配合开展国家秘密鉴定工作的人员以及有关专家与案件有利害关系或者其他关系可能影响公正鉴定的，应当回避。

第三十一条 保密行政管理部门向机关、单位征求鉴定意见以及组织专家咨询时，应当对鉴定事项作以下处理：

（一）对涉及不同机关、单位或者行业、领域的内容进行拆分，不向机关、单位或者专家提供与其无关、不应由其知悉的内容；

（二）对涉嫌违法犯罪的责任单位或者责任人姓名等作遮盖、删除处理，不向机关、单位或者专家透露案情以及案件办理情况。

第三十二条 保密行政管理部门及其工作人员,配合开展国家秘密鉴定工作的机关、单位及其工作人员,以及有关专家,应当对国家秘密鉴定工作以及工作中知悉的国家秘密、工作秘密、商业秘密、个人隐私予以保密。

保密行政管理部门在征求鉴定意见、组织专家咨询等过程中,应当向有关机关、单位或者专家明确保密要求,必要时组织签订书面保密承诺。

第三十三条 国家秘密鉴定结论与机关、单位定密情况不一致的,保密行政管理部门应当通知机关、单位予以变更或者纠正;对机关、单位未依法履行定密管理职责、情节严重的,予以通报。

第三十四条 省(自治区、直辖市)保密行政管理部门应当将年度国家秘密鉴定工作情况和作出的国家秘密鉴定结论报国家保密行政管理部门。

第三十五条 保密行政管理部门依法办理国家秘密鉴定,不受其他机关、单位,社会团体和个人干涉。

保密行政管理部门未依法履行职责,或者滥用职权、玩忽职守、徇私舞弊的,对负有责任的领导人员和直接责任人员依法进行处理;构成犯罪的,依法追究刑事责任。

第三十六条 在国家秘密鉴定工作中,负有配合鉴定义务的机关、单位及其工作人员拒不配合,弄虚作假,故意出具错误鉴定意见,造成严重后果的,对直接负责的主管人员和其他直接责任人员依法进行处理;构成犯罪的,依法追究刑事责任。

第六章 附 则

第三十七条 保密行政管理部门办理涉嫌泄露国家秘密案件时,可以根据工作需要,按照本规定直接进行国家秘密鉴定。

鉴定事项产生单位属于军队或者鉴定事项涉嫌属于军事秘密的,由军队相关军级以上单位保密工作机构进行国家秘密鉴定或者协助提出鉴定意见。

第三十八条 执行本规定所需要的文书式样,由国家保密行政管理部门统一制定。工作中需要的其他文书，国家保密行政管理部门没有制定式样的，省（自治区、直辖市）保密行政管理部门可以自行制定式样。

第三十九条　本规定由国家保密局负责解释。

第四十条　本规定自2021年9月1日起施行。2013年7月15日国家保密局发布的《密级鉴定工作规定》（国保发〔2013〕5号）同时废止。

派生国家秘密定密管理暂行办法

（2023年2月27日印发　自2023年4月1日起施行）

第一条　为规范派生国家秘密定密（以下简称派生定密）管理，根据《中华人民共和国保守国家秘密法》及其实施条例，制定本办法。

第二条　本办法适用于国家机关和涉及国家秘密的单位（以下简称机关、单位）开展派生定密的工作。

第三条　本办法所称派生定密，是指机关、单位对执行或者办理已定密事项所产生的国家秘密，依法确定、变更和解除的活动。

第四条　本办法所称保密要点（以下简称密点），是指决定一个事项具备国家秘密本质属性的关键内容，可以与非国家秘密以及其他密点明确区分。

第五条　机关、单位开展派生定密，不受定密权限限制。无法定定密权的机关、单位可以因执行或者办理已定密事项，派生国家秘密。具有较低定密权的机关、单位可以因执行或者办理较高密级的已定密事项，派生超出本机关、单位定密权限的国家秘密。

第六条　机关、单位负责人及其指定的人员为本机关、本单位的派生定密责任人，履行派生国家秘密确定、变更和解除的责任。

第七条　机关、单位因执行或者办理已定密事项而产生的事项（以下简称派生事项），符合下列情形之一的，应当确定为国家秘密：

(一)与已定密事项完全一致的;
(二)涉及已定密事项密点的;
(三)是对已定密事项进行概括总结、编辑整合、具体细化的;
(四)原定密机关、单位对使用已定密事项有明确定密要求的。

第八条 派生国家秘密的密级应当与已定密事项密级保持一致。已定密事项明确密点及其密级的,应当与所涉及密点的最高密级保持一致。

第九条 派生国家秘密的保密期限应当按照已定密事项的保密期限确定,或者与所涉及密点的最长保密期限保持一致。已定密事项未明确保密期限的,可以征求原定密机关、单位意见后确定并作出标注,或者按照保密法规定的最长保密期限执行。

第十条 派生国家秘密的知悉范围,应当根据工作需要确定,经本机关、本单位负责人批准。能够限定到具体人员的,限定到具体人员。

原定密机关、单位有明确规定的,应当遵守其规定。

第十一条 派生国家秘密的确定应当按照国家秘密确定的法定程序进行。承办人依据已定密事项或者密点,拟定密级、保密期限和知悉范围,报定密责任人审核。定密责任人对承办人意见进行审核,作出决定。

派生定密应当作出书面记录,注明承办人、定密责任人和定密依据。定密依据应当写明依据的文件名称、文号、密级、保密期限等。

第十二条 机关、单位所执行或者办理的已定密事项没有变更或者解密的,派生国家秘密不得变更或者解密;所执行或者办理的已定密事项已经变更或者解密的,派生国家秘密的密级、保密期限、知悉范围应当及时作出相应变更或者予以解密。

机关、单位认为所执行或者办理的已定密事项需要变更或者解密的,可以向原定密机关、单位或者其上级机关、单位提出建议。未经有关机关、单位同意,派生国家秘密不得擅自变更或者解密。

第十三条 派生国家秘密的变更、解除程序应当履行国家秘密变更或者解除的法定程序。承办人依据已定密事项或者密点的变更、解除情况,提出派生国家秘密变更或者解除意见,报定密责任人审核批准,并作出书面记录。

书面记录应当注明承办人、定密责任人、已定密事项或者密点的变更或者解除情况,以及解密后作为工作秘密管理或者予以公开等。

第十四条 派生事项不是对已定密事项内容或者密点进行概括总结、编辑整合、具体细化的,不应当派生定密。该事项是否需要定密,应当依照保密法律法规和国家秘密及其密级具体范围(以下简称保密事项范围)判断。

第十五条 派生事项既包括已定密事项内容或者密点,也包括有关行业、领域保密事项范围规定事项的,应当同时依据已定密事项和有关保密事项范围进行定密。密级、保密期限应当按照已定密事项和保密事项范围规定事项的最高密级、最长保密期限确定。知悉范围根据工作需要限定到最小范围。

第十六条 原定密机关、单位应当准确确定并规范标注国家秘密的密级、保密期限和知悉范围。对涉密国家科学技术、涉密科研项目、涉密工程、涉密政府采购以及其他可以明确密点的,应当确定密点并作出标注;不能明确标注的,可以附件、附注等形式作出说明。对无法明确密点的,可以编制涉密版和非涉密版,或者对执行、办理环节是否涉及国家秘密、工作秘密等提出明确要求。

原定密机关、单位发现其他机关、单位执行或者办理本机关、本单位已定密事项存在派生定密不当情形的,应当及时要求纠正或者建议纠正,必要时提起保密行政管理部门通知纠正或者责令整改。

第十七条 机关、单位对已定密事项是否已变更或者解除以及派生事项是否涉及密点等情况不明确的,可以向原定密机关、单位请示或者函询,原定密机关、单位应当及时予以答复。

第十八条 机关、单位应当依法履行派生定密主体责任,加强对本机关、本单位派生定密的监督管理,发现存在派生定密不当情形的,应当及时纠正。

第十九条 上级机关、单位应当加强对下级机关、单位派生定密的指导和监督,发现下级机关、单位派生定密不当的,应当及时通知其纠正,也可以直接纠正。

第二十条 各级保密行政管理部门应当依法对机关、单位派生定密进行指导、监督和检查,对发现的问题及时通知纠正或者责令整改。

第二十一条 机关、单位发现定密责任人和承办人定密不当,有下列情形之一的,应当及时纠正并进行批评教育;造成严重后果的,依规依纪依法给予处分:

(一)派生事项应当确定国家秘密而未确定的;

(二)派生事项不应当确定国家秘密而确定的;

(三)未按照法定程序派生定密的;

(四)未按规定标注派生国家秘密标志的;

(五)未按规定变更派生国家秘密的密级、保密期限、知悉范围的;

(六)派生国家秘密不应当解除而解除的;

(七)派生国家秘密应当解除而未解除的;

(八)违反本办法的其他情形。

第二十二条 本办法由国家保密局负责解释。

第二十三条 本办法自 2023 年 4 月 1 日起施行。